Radwanderführer

Radwanderweg Elbe

Henning Sietz

Fink-Kümmerly+Frey

Bildnachweis:

Alpha Press/Ihlow: 97 (ro), 115 (l, ro); Kiedrowski: 6 (l), /Koshofer: 97 (l), 115 (ru); Lehnartz: 94 (r), 95; Werner Otto: 10/11, 26 (ro, ru), 28, 30/31, 45 (r), 46, 47 (r), 48/49, 64 (l, ro, ru), 65 (l), 66 (r), 112 (l, r), 113, 114 (l); Henning Sietz: 6 (ru), 7 (r), 27 (l, ro, ru), 29 (l, ro), 44 (l, ro, ru), 45 (l), 65 (r), 66 (lo, lu), 78 (l, r), 79, 117; Silvestris/Heine: 6 (ro), 67,/Rosing: 7 (lo), 94 (l), 96, /de Cuveland: 68/69; /Werner: 80/81; Tassilo Wengel: 7 (lu), 29 (ru), 47 (l), 97 (ru), 98/99, 114 (r); Xeniel Dia/Mögle: 26 (l)

Autor: Henning Sietz, Hamburg
Projektleitung: Beatrice Weber, Fink-Kümmerly+Frey
Redaktion: Petra Sparrer, Fink-Kümmerly+Frey
Kartographie: Berndtson & Berndtson, Fürstenfeldbruck
Titelgestaltung: Isabel Müller, Büro Seufferle, Stuttgart
Abbildungen auf dem Umschlag: Klaus Lehnartz (Vorderseite), Henning Sietz (Rückseite)
Layout: Hepfinger : Design, Freising
Satz: Buchmacher Bär, Freising
Repro und Druck: Studio Europa, Trento, Italien

ISBN: 3-7718-0757-3

Vorwort

Der vorliegende Radwanderführer lädt ein, die Elbe kennenzulernen – den letzten weitgehend ursprünglichen Strom in Deutschland. Über 1090 km lang ist die Elbe von der Quelle bis zur Mündung, 727 km verlaufen innerhalb von Deutschland. In diesem Buch wird die Strecke von Cuxhaven bis Magdeburg vorgestellt, mit knapp 400 Fluß-Kilometern die gute Hälfte der innerdeutschen Elbe. Per Fahrrad legt man mit 467 km einen etwas weiteren Weg zurück als der Fluß. In rund zwei Wochen kann man die Strecke recht bequem abradeln.

Die Elbe ist einer der letzten großen Ströme Europas mit einer weitgehend natürlichen Flußlandschaft. Besonders im Frühjahr und Herbst, wenn das Hochwasser die Altarme der Elbe wie mächtige Adern anschwellen läßt, kann man längs der Ufer noch erfahren, was ein Strom eigentlich ist. Wie Perlen auf einer Schnur reihen sich die Naturschutzgebiete an seinem Mittellauf aneinander. Da gibt es noch immer bedeutende Auwälder und Dünen, alte Elbarme und Dutzende Bracks, Zeugen historischer Deichbrüche. Zwar haben die Bewohner im Laufe der Jahrhunderte durch Deiche und Buhnen den Fluß zu bändigen versucht und die Landschaft verändert, doch gibt es große Abschnitte der Elbe, wo der Einfluß des Menschen nicht sehr ins Gewicht fällt. Sicheres Zeichen dafür sind Zehntausende von Zugvögeln, die alljährlich die Flußauen aufsuchen, darunter Graugänse und Höckerschwäne. Auch der Weißstorch trifft regelmäßig ein, zur Freude der Bewohner vieler Elbdörfer. In Rühstädt bei Wittenberge feiert man Meister Adebar zu Ehren sogar jedes Jahr ein großes Storchenfest.

Es ist ein offenes Geheimnis, daß sich Naturschönheiten – und die Elbe gehört zweifellos dazu – nicht mit dem Pkw erkunden lassen. Nur dem Radwanderer, der sich unterwegs viel Zeit läßt, offenbart sich der Strom, der zu jeder Tages- und Jahreszeit ein anderes Gesicht hat. Wohl dem, der die Muße mitbringt, den Strom wirklich kennenzulernen.

Verlag und Autor wünschen dem Radwanderer viel Freude bei der Erkundung der Elbe, gutes Wetter – und immer ausreichend Luft in den Reifen.

Benutzerhinweise und allgemeine Informationen

Hauptabschnitte und Einzeletappen

Der Elbe-Radwanderweg führt in seinem ersten Teil von Cuxhaven bis Magdeburg. Er wurde in diesem Buch in sechs Hauptabschnitte und 36 Etappen gegliedert. Am Beginn des Kapitels steht eine kurze Einführung, am Ende werden informative Beschreibungen über die Sehenswürdigkeiten gegeben. Drei lohnenswerte Ausweichrouten werden am Ende des Buches angeführt, so daß man die Elbe auch abweichend von der Hauptroute kennenlernen kann.

Darstellung der Einzeletappen

Jede Etappe wird mit einer Karte im Maßstab 1:50.000, Streckenmerkmalen, Streckenbeschreibung und Informationskasten dargestellt. Auf der Karte sind Anfang und Ende der Etappe mit Nadeln gekennzeichnet. Auf Informationsstellen, Fahrradwerkstätten, Unterkunftsmöglichketen und Freizeiteinrichtungen weisen die entsprechenden Symbole hin. In der linken Textspalte stehen die Streckenmerkmale: Länge, Art des Radweges, Steigungen, Verkehrsbelastung und eine kurze Beurteilung der Etappe. So können sie sich schnell einen Überblick verschaffen. Steigungen fallen längs der Elbe nicht so sehr ins Gewicht und werden allgemein als »gering« oder »stark«, ggf. auch als »langgestreckt« eingestuft. Diese Steigungen lassen sich mit einem Rad bewältigen, das mit einer Kettenschaltung oder Gangschaltung ausgerüstet ist. Bei der einzigen Ausnahme, einigen wirklich starken Steigungen bei Hitzacker, wurde das Gefälle in Prozentzahlen benannt.
Die beiden mittleren Spalten enthalten die Beschreibung der Strecke und der gelegentlich empfohlenen Varianten. Über die fettgedruckten Orte mit dem roten Pfeil werden auf den Seiten mit den Sehenswürdigkeiten im Anschluß an jeden Hauptabschnitt Hintergrundinformationen gegeben. In der rechten Spalte stehen wichtige Informationen zur Etappe: Tourist-Informationen und andere Auskunftsadressen, Adressen von Fahrradhändlern, -werkstätten und -geschäften, Hotels, Gasthöfen und Restaurants sowie die nächstgelegenen Bahnhöfe.

Beschilderung der Wege

Der Elbe-Radwanderweg führt durch fünf Bundesländer und ist bisher nur in einzelnen Abschnitten beschildert. Insofern ist die Streckenbeschreibung teilweise sehr detailliert. In typischen Feriengebieten, wo die Verkehrsvereine für gute Beschilderung gesorgt haben, stehen Landschaftsbeschreibungen im Vordergrund. Da künftig noch neue Radwege angelegt werden, können in diesem Führer nicht alle Details völlig mit dem offiziellen Radweg übereinstimmen.

Bedeutung der Symbole in der Karte

- Informationsstelle, Auskünfte, Verkehrsamt
- Übernachtungsmöglichkeit, Hotel, Gasthof
- Campingplatz
- Jugendherbergen
- Fahrradverleih
- Fahrradwerkstätten
- Gefahrenstelle
- Bademöglichkeiten
- Krankenhaus
- Gaststätte
- Deich
- Kirche, Kapelle

Inhalt

Der Elbe-Radwanderweg Cuxhaven – Magdeburg

Der Elbe-Radwanderweg führt von der Kugelbake in Cuxhaven bis zur Nordbrücke in Magdeburg. Das sind in »Stromkilometern«, also der für Flußschiffe geltenden Kilometrierung der Elbe, exakt 399,4 km. Für den Radwanderer ist die Strecke mit 467 km ein ganzes Stück länger. Die Route verläuft auf dem südlichen Elbufer von Cuxhaven durch die Elbmarschen bis ins Alte Land, überquert die Elbe das erstemal mit der Fähre, führt am kontrastreichen Elbufer bei Hamburg entlang und durch die Vier- und Marschlande bis nach Geesthacht. Durch den Wald am Hohen Elbufer – dem einzigen »richtigen« Wald auf der ganzen Strecke – fährt man weiter nach Lauenburg, wo der Radweg zum zweitenmal die Elbe kreuzt. Die Landschaft der Elbtalaue, die sich nun entfaltet, wird den Radwanderer 160 km lang begleiten. Bei Schnackenburg wechselt man wiederum die Flußseite, um auf dem Nordufer über Wittenberge und das Storchendorf Rühstädt nach Havelberg zu radeln. Wiederum steht eine Elb-Überquerung an, hinüber in die Altmark. Über Werben fährt man auf dem westlichen Hochufer der Elbe nach Süden,

Typisches Fachwerkhaus im Alten Land (links), Fähre Wischhafen–Glückstadt (rechts oben), Elbauenlandschaft (rechts unten)

erreicht Arneburg und Tangermünde. Bei Rogätz setzt man mit der Autofähre über nach Burg, um auf dem Ostufer durch die Ausläufer des Flämings nach Magdeburg zu fahren. Über die Neue Strombrücke, die letzte Elbquerung, erreicht man das Zentrum der Hauptstadt Sachsen-Anhalts. Wer die gesamte Strecke fährt, überquert sechsmal die Elbe, radelt durch fünf Bundesländer – und lernt doch »nur« den unteren und gut die Hälfte des mittleren Flußlaufes kennen. Die Elbe ist eben Deutschlands zweitgrößter Strom.
Die ausgewählte Route orientiert sich zu großen Teilen am Fernradweg Hamburg – Schnackenburg, in einigen Strecken auch am Altmark-Rundkurs. Die übrigen Routen wurden nach landschaftlicher Schönheit sowie Qualität und Sicherheit der Wege ausgewählt. Gut beschilderte Abschnitte wechseln mit kaum markierten Strecken. Manchmal wird der Weg auch recht holprig, was der Autor bei ausgesprochen schöner Landschaft gern in Kauf nahm (aber entsprechend angekündigt hat). Ohne sich vorher zu informieren, sollte man an der Elbe jedoch keine Radtour beginnen: Man könnte an der Niederelbe vor geschlossenen Sperrwerken stehen oder auf eine weniger schöne Flußseite geraten. Einsame Strecken gibt es an der Elbe mehr, als man wohl erwarten würde; man sollte sich also rechtzeitig um Unterkunft und Verpflegung kümmern.

Elbaue bei Rühstädt (links oben), Elbdeich bei Lühe (links unten), reetgedecktes Haus bei Freiburg (rechts)

Übersichtskarte

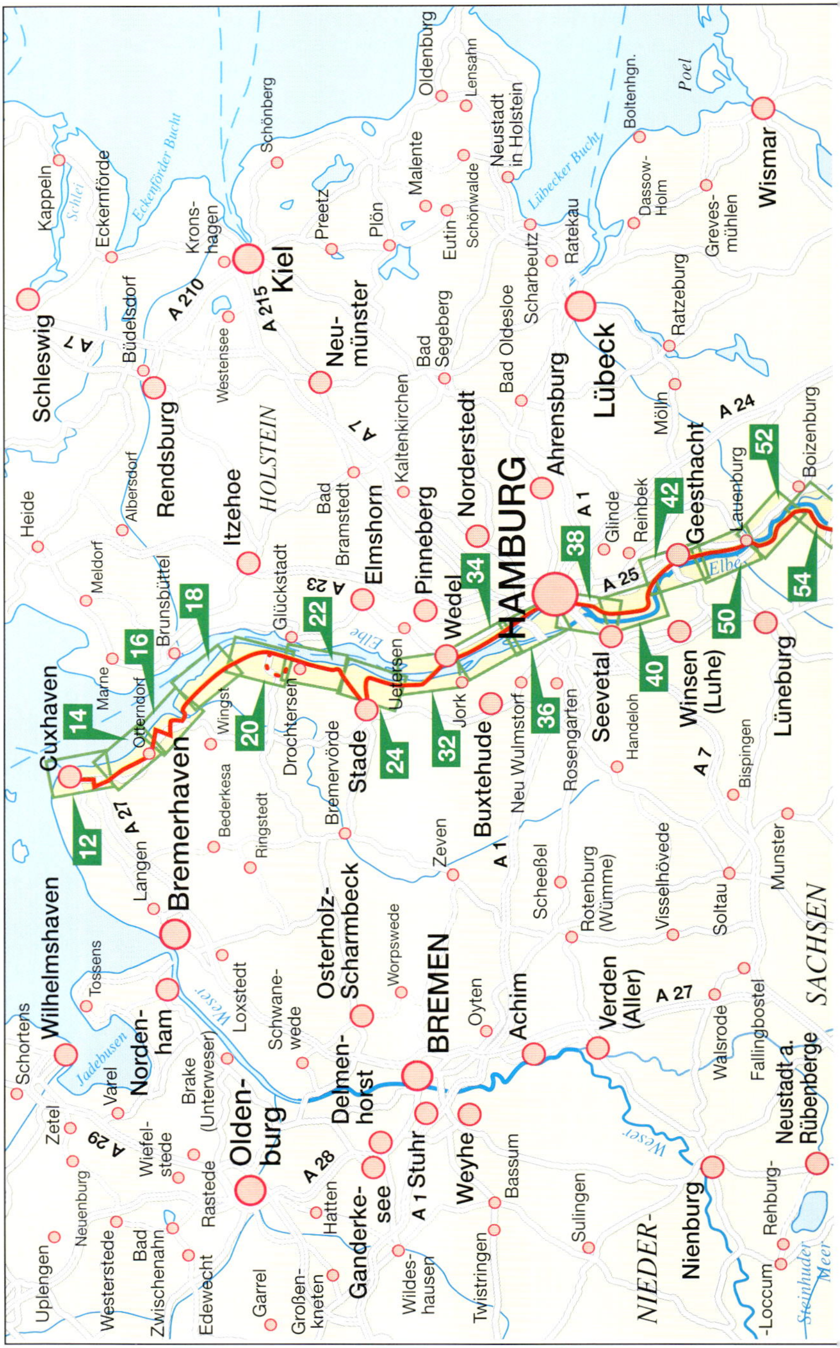

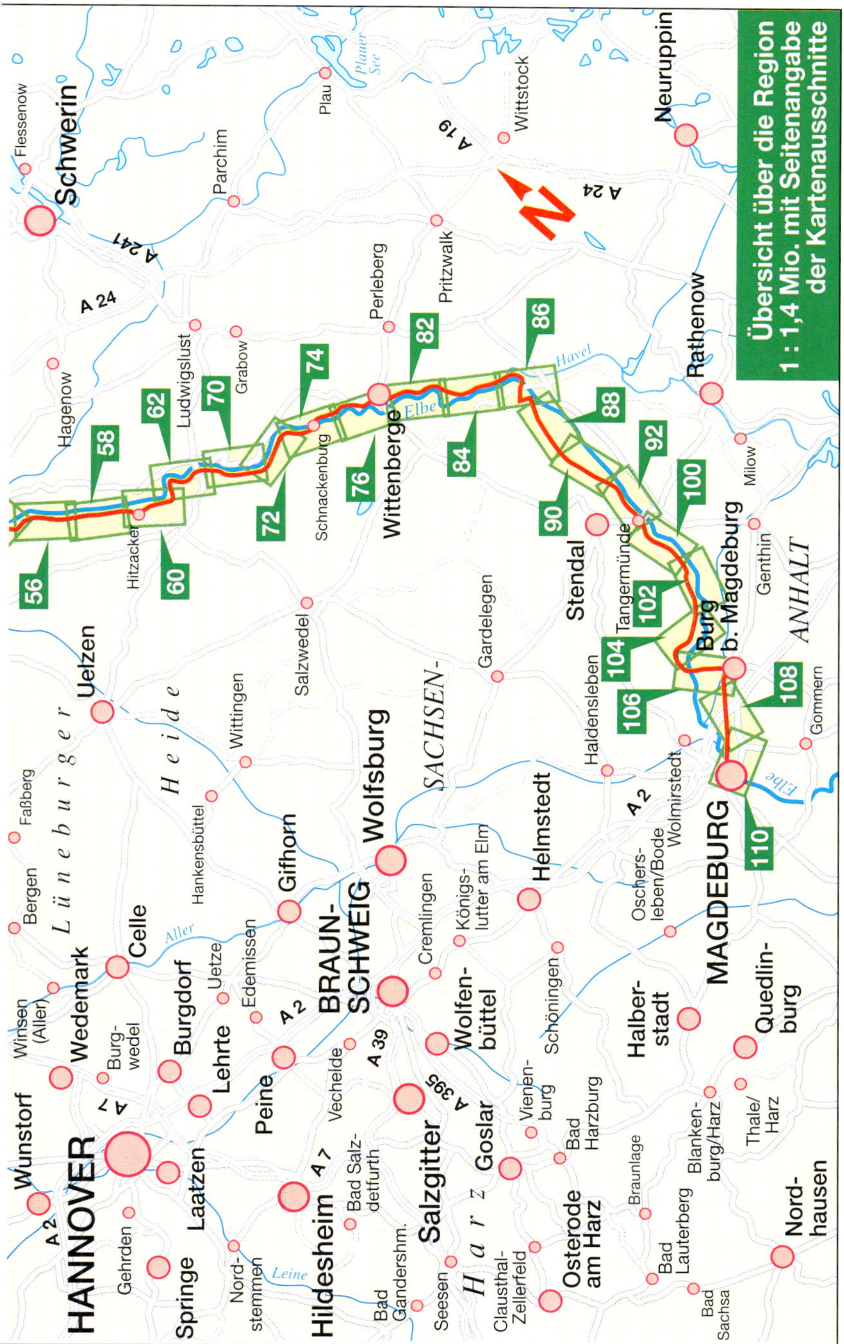

Übersicht über die Region
1 : 1,4 Mio. mit Seitenangabe
der Kartenausschnitte
HANNOVER
Wunstorf
Gehrden
Springe
Laatzen
Nord-
stemmen
Leine
Hildesheim
Bad Salz-
detfurth
Bad
Gandershm.
Salzgitter
Seesen
Harz
Clausthal-
Zellerfeld
Osterode
am Harz
Goslar
Vienen-
burg
Bad
Harzburg
Braunlage
Bad
Lauterberg
Bad
Sachsa
Nord-
hausen
Blanken-
burg/Harz
Thale/
Harz
Quedlin-
burg
Halber-
stadt
MAGDEBURG
Wolfen-
büttel
Schöningen
BRAUN-
SCHWEIG
Vechelde
Peine
Lehrte
Burgdorf
Uetze
Edemissen
Burg-
wedel
Wedemark
Winsen
(Aller)
Celle
Aller
Bergen
Faßberg
Lüneburger
Heide
Uelzen
Hankensbüttel
Wittingen
Gifhorn
Wolfsburg
Cremlingen
Königs-
lutter am Elm
Helmstedt
SACHSEN-
ANHALT
Oschers-
leben/Bode
Wolmirstedt
Haldensleben
Gardelegen
Salzwedel
Stendal
Tangermünde
Burg
b. Magdeburg
Gommern
Genthin
Milow
Rathenow
Havel
Elbe
Wittenberge
Schnackenburg
Hitzacker
Hagenow
Ludwigslust
Grabow
Perleberg
Pritzwalk
Parchim
Schwerin
Flessenow
Plau
Plauer
See
Wittstock
Neuruppin
A 2
A 7
A 39
A 395
A 24
A 241
A 19
N
56
58
60
62
70
72
74
76
82
84
86
88
90
92
100
102
104
106
108
110

Durch die Flußmarschen der Niederelbe

Die Niederelbe von Cuxhaven bis Lauenburg ist durch breite Elbmarschen gekennzeichnet. Im Urstromtal lagerte die Elbe unter dem Einfluß der Gezeiten Schwebstoffe und Sedimente ab. Das Ergebnis war ein äußerst fruchtbarer Boden, der aber mühsam trockengelegt werden mußte. Hadeln, Kehdingen und Altes Land heißen die Marschen am südlichen Elbufer, Kremper Marsch, Haseldorfer und Wedeler Marsch am nördlichen Ufer.

Jede Marsch hat ihr eigenes Gepräge, das sich in den alten Trachten und im Bau der Häuser zeigt. Die Wandlung des niedersächsischen Hallenhauses zum Altländer Haus mit Brauttür und Prunkpforte zu verfolgen, ist nur einer der Reize dieser Route von Cuxhaven über Stade ins Alte Land.

Die riesigen Schiffe vom hohen Elbdeich zu beobachten ist ein anderes Vergnügen. Kommt keines vorbei, herrscht garantiert Ebbe. Der erste Übergang über die Elbe bietet sich in Wischhafen an, er kommt aber für Radfahrer nur im Sommer in Betracht (Öffnungszeiten der Sperrwerke; siehe S. 118).

Dieser Abschnitt des Elbe-Radwanderwegs ist 93 km lang und verläuft meist auf ruhigen Nebenstrecken am hohen Elbdeich entlang.

Wattenmeer bei Ebbe in der Nähe von Cuxhaven

Die Strecke

Länge: 13 km.
Wege: Innerstädtische Radwege, Landstraße.
Steigungen: Keine, mit Ausnahme der Deichauffahrten.
Verkehr: Streckenweise starker innerstädtischer Verkehr.
Markierung: Radwegweiser innerhalb von Cuxhaven.
Gesamteindruck: Eine Route, die sehr viel Maritimes bietet: Baken, Deiche, Fährschiffe, das Feuerschiff Elbe 1, und den Fischereihafen. Alles riecht hier nach großer Fahrt in Richtung Nordsee und Atlantik.

Cuxhaven: Kugelbake – Groden _8 km
Die Kugelbake am Nordende von ▶ **Cuxhaven** ist eine Touristenattraktion ersten Ranges: Hier liegt das Fort Kugelbake, von hier sieht man Neuwerk, hier beginnt das Duhner Watt, das zum Nationalpark Niedersächsisches Wattenmeer gehört. Am hohen Elbdeich entlang radelt man in Richtung Fährhafen. Dort beginnt der Radweg zur Alten Liebe, wo vor 100 Jahren Auswanderer die Schiffe in die Neue Welt bestiegen. Am Leuchtturm und den Sendemasten vorbei biegen wir rechts in die Straße »Am Alten Hafen« ein. Hier liegt das Feuerschiff Elbe 1, heute ein Museum. Durch das Fluttor

verlassen wir den Hafen und fahren in die Deichstraße, überqueren die Konrad-Adenauer-Allee und fahren bei der Post links durch die Bahnhofstraße. Nach rechts folgen wir der B 73 (mit Radweg). In Groden, kurz vor der Autobahn, biegen wir rechts in die Papenstraße ein, an der Kirche geht es links in die Straße »Alte Marsch«.

Groden – Altenbruch ____________ 5 km
Die Straße »Alte Marsch«, eine ruhige Landstraße, führt bis Otterndorf. Vor Altenbruch führt ein Weg zum Gasthof »Alte Schleuse«. Erste Ortschaft rechts ist Altenbruch, ein Abstecher zur Kirche mit dem Doppelturm lohnt sich.

INFOS

Auskünfte
Kurverwaltung Cuxhaven, Cuxhavener Str. 92, 27476 Cuxhaven, Tel. 0 47 21/40 40

Fahrradverleih
Oster, Wehrbergsweg 29, 27476 Cuxhaven, Ortsteil Duhnen, Tel. 0 47 21/4 89 33

Unterkunft
Jugendherberge Cuxhaven, Schlensenweg, 27476 Cuxhaven, Tel. 0 47 21/4 85 52

Restaurant
Gasthaus Alte Schleuse, 27478 Cuxhaven-Altenbruch (vor Altenbruch links abbiegen)

Bahnanschluß
Cuxhaven

Die Strecke

Länge: 13,5 km.
Wege: Ruhige Landstraße, B 73, Asphaltwege.
Steigungen: Keine.
Verkehr: Innerstädtischer Verkehr in Otterndorf, sonst kaum Verkehr.
Markierung: Radwegweiser rund um Otterndorf.
Gesamteindruck: Plattes Land mit Elbdeich und Sommerdeich, Weideland und Entwässerungsgräben. Der Zug Cuxhaven – Stade ist in dieser Landschaft ein besonderes Ereignis.

Altenbruch – Otterndorf 7 km

Auf der Wehldorfer Straße geht es geradeaus weiter durch das ▶ **Land Hadeln** nach Otterndorf. Über dem haushohen Landesschutzdeich sieht man die Aufbauten riesiger Containerschiffe auf ihrer Fahrt in den Hamburger Hafen. Die flache Marsch wird nur gelegentlich von Streifengehölzen durchzogen. Rechter Hand zieht sich die B 73 durch die Landschaft, links verläuft der Bahndamm. Kurz vor Otterndorf mündet die schmale Asphaltstraße auf die B 73, auf einem Radweg kommt man gut durch das Gewerbegebiet. Jenseits der Medem ist das Zentrum von ▶ **Otterndorf** erreicht.

Otterndorf – Hadeler Baum ____ 6,5 km
An der St.-Severi-Kirche vorbeifahrend, kommt man zum Marktplatz. Am Café Brüning biegt man links in die Schleusenstraße (mit 150 m Pflasterstrecke) ein. In der Altstadt befindet sich der höchste Punkt Otterndorfs (6,44 m !). Wir radeln in Richtung Jugendherberge und Schleuse weiter geradeaus. An der Mündung der Medem und des Hadelner Kanals lohnt sich eine Rast. Rechts zweigt der Radweg ab in Richtung Alter Baum und Oste-Sperrwerk. Zwischen dem Elbdeich und dem Hadelner Kanal, radelt man auf den Radarturm Belum zu. Am Hadeler Baum biegt der Radweg zur B 73 ab.

INFOS

Auskünfte
Stadt Otterndorf, Verkehrsamt (Rathaus), 21762 Otterndorf, Tel. 0 47 51/13-131

Fahrradverleih
Fahrradverleih Schoormann, Schleusenstr. 129, 21762 Otterndorf, Tel. 0 47 51/57 62

Unterkunft
Jugendherberge Otterndorf, Schleusenstr. 147, 21762 Otterndorf, Tel. 0 47 51/31 65

Restaurant
Medem-Stuben, Marktstr. 22, 21762 Otterndorf, Tel. 0 47 51/33 10

Bahnanschluß
Otterndorf, Cadenberge

Die Strecke

Länge: 16 km.
Wege: Gute Ortsstraßen.
Steigungen: Keine.
Verkehr: Reger Verkehr nur auf der B 73, Achtung beim Überqueren der Straße.
Markierung: Keine.
Gesamteindruck: Der Radweg führt durch das interessanteste Gebiet der südlichen Niederelbe. Der Strom fließt 3 bis 4 km jenseits des alten Deichs, man hat Mühe, in der Ferne die Elbe zu erkennen.

Hadeler Baum – Ostesperrwerk ______________ 10 km

Wir biegen links in die B 73 (Radweg) ein und erreichen nach 300 m eine Pferdekoppel. Hier überqueren wir die B 73. Gegenüber folgen wir der Straße, die mit vielen Windungen über Westerndorf und Bahrdorf nach Belum führt. Vor Belum biegen wir links in die Cuxhavener Straße ein und fahren an der alten Kirche vorbei zum Elbdeich. Auf der Straße »Ostedeich« radelt man nach Neuhäuser Deich. Jenseits des Deichs liegt nun nicht mehr die Elbe, sondern der Ostesee. Kurz vor Neuhaus geht es links, dann geradeaus nach Norden zum Ostesperrwerk (sie-

he: »Sperrwerke«) und dem Natureum Niederelbe.

Ostesperrwerk – Balje ________ 6 km
Jenseits der Oste beginnt ▶ **Kehdingen**. Auf breiter Asphaltstraße geht es in Richtung Hörne. Auf einem rund 4 km breiten Streifen Marschland jenseits des alten Deichs liegen das Vogelschutzgebiet Hullen sowie das Wildvogelreservat Nordkehdingen. In Hörne biegt der Elbe-Radwanderweg links ab nach Balje. Hier lohnt es sich, die Aussicht vom Deich zu genießen: Kilometerbreit erstreckt sich die Marsch, Schiffsmasten und -aufbauten lassen den Verlauf der Elbe erahnen.

INFOS

Auskünfte
Samtgemeinde am Dobrock, Fremdenverkehrsverein Belum, Cuxhavener Straße 16, 21785 Belum, Tel. 0 47 52/4 08

Fremdenverkehrsverein Ostemündung, Bahnhofstr. 13, 21785 Neuhaus/Oste, Tel. 0 47 52/12 27 oder 2 01 und 13 26

Unterkunft
Kleines Parkhotel Aschoff, Am Bürgerpark 3, 21785 Neuhaus/Oste, Tel. 0 47 52/4 77

Bahnanschluß
Cadenberge

Die Strecke

Länge: 11 km.
Wege: Ortsstraßen.
Steigungen: Keine.
Verkehr: Gering.
Markierung: Keine.
Gesamteindruck: Links zieht sich der alte Deich hin, rechts reiht sich Bauernhaus an Bauernhaus, dahinter endlos Weideland – so erlebt der Besucher die Marsch der Niederelbe. Der eine findet's öde, der andere kommt nicht wieder davon los.

Balje – Krummendeich 6 km

Balje ist ein typisches Deichhufendorf der Marsch an der Niederelbe. Baljes St.-Marien-Kirche ist recht neu, besonders der Backsteinturm mit seinen breiten Schallschlitzen wirkt sehr modern. Auch in Balje hat man Gelegenheit, durch eines der Deichtore in das Naturschutzgebiet zu gelangen. Bis zum Landesschutzdeich an der Elbe radelt man fast 3,5 km. Von Balje geht es weiter nach Krummendeich, dem nächsten Deichhufendorf, immer am alten Elbdeich entlang. Seinen Namen erhielt Krummendeich durch historische Deichbrüche: Bei solchen Katastrophen entstanden oft tief ausgewa-

schene Wasserlöcher, um die herum notdürftig und entsprechend schief und krumm der neue Deich angelegt wurde. Zahlreiche dieser Teiche – man nennt sie Bracks – sind rings um den Ort zu finden. In einem wurde eine Badestelle angelegt.

Krummendeich – Freiburg _____ 5 km
In Krummendeich, vorbei an der St.-Nicolai-Kirche, geht es weiter über Stellenfleth und Laack nach Freiburg. In Laack findet man – als große Ausnahme – auch links der Straße einige Wohnhäuser. Dann wird die Bebauung städtisch – die alte Hafenstadt Freiburg ist erreicht.

INFOS

Auskünfte
Fremdenverkehrsverein Nordkehdingen, Hauptstr. 59, 21729 Freiburg, Tel. 0 47 79/ 3 16

Fahrradverleih
siehe »Auskünfte«, Fremdenverkehrsverein Nordkehdingen

Unterkunft und Gasthöfe
Zwei Linden, Außendeich 109, 21730 Balje/Hörne, Tel. 0 47 53/3 24

Beckmanns Hotel, Hauptstr. 25, 21729 Freiburg, Tel. 0 47 79/2 55

Bahnanschluß
Cadenberge, Hemmoor

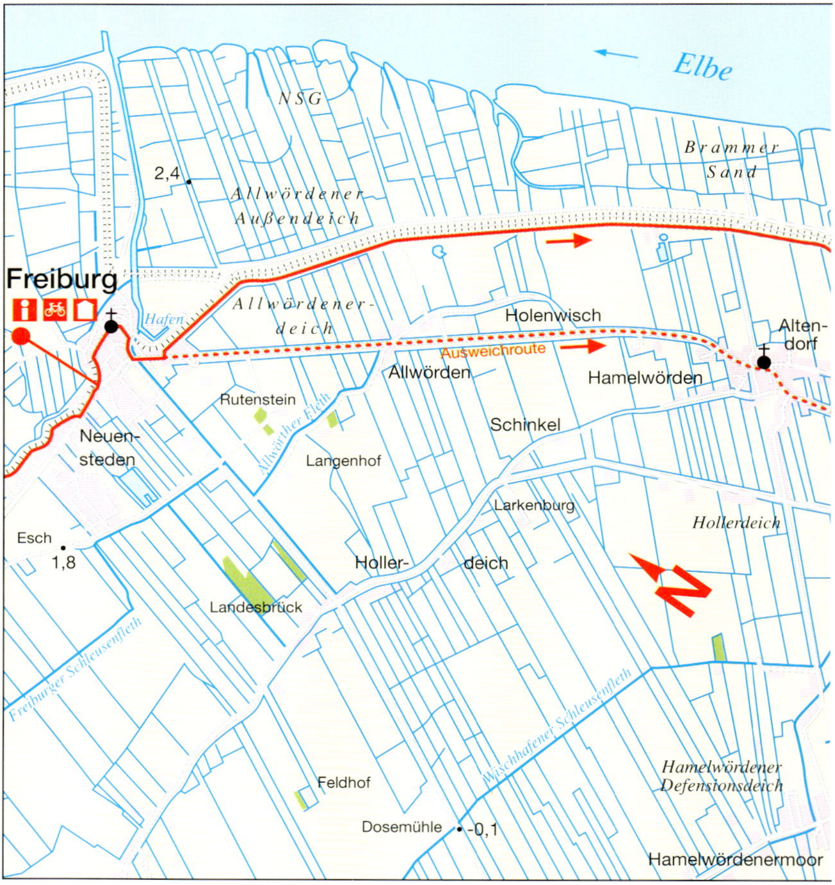

Die Strecke

Länge: 11,5 (Ausweichrouten: 17 km).
Wege: Gute Asphaltwege, B 495 (Ausweichroute) mit Radweg.
Steigungen: Keine.
Verkehr: Gering – mit Ausnahme der B 495 (Ausweichroute); man achte auf junge Bullen auf den Deichen.
Markierung: Keine.
Gesamteindruck: Eine reizvolle Strecke längs der Elbe, doch bei Dunkelheit und Regen sollte man die Ausweichroute von Freiburg über Altendorf nach Krautsand wählen. Die elbnahe Route verläuft über das Sperrwerk Wischhafen (siehe »Sperrwerke«).

Freiburg – Fähre Wischhafen ______ 6,5/7 km

Es empfiehlt sich, diese Route gut zu planen. Auf dem elbnahen, sehr schönen Weg hinter Freiburg fährt man durch Weiden, die oft von jungen Bullen bevölkert sind. Man sollte die Tiere unbedingt in Ruhe lassen. Etwa zehn Gattertore muß man mühsam öffnen. Die Route kann nur auf eigene Gefahr empfohlen werden.
In Freiburg radelt man auf der Hauptstraße durch den Ort, linker Hand die Altstadt zurücklassend. Von der Allwördener Straße biegt links die Hörner Straße zum Allwördener Deich ab, auf dem man bis zur Fähre radelt. Links

vom Deich liegen Pferdekoppeln im Marschland, jenseits der Elbe zeichnet sich das AKW Brokdorf ab. An der Landstraße angekommen, geht es geradeaus zum Sperrwerk Wischhafen, nach links erreicht man die Autofähre Wischhafen – Glückstadt. Wer die Tour über Glückstadt fortsetzen möchte, sollte gut (!) planen (siehe: »Sperrwerke« und »Ausweichrouten«).

Fähre Wischhafen – Krautsand ____ 5/10 km

Am Sperrwerk Wischhafen beginnt die Elbinsel ▶ **Krautsand**. Auf dem Elbdeich geht es geradeaus bis zum Ort Krautsand (siehe »Sperrwerke«).

INFOS

Auskünfte
Gemeindeverwaltung Drochtersen, Abt. für Fremdenverkehr, Sietwender Str. 11, 21706 Drochtersen, Tel. 0 41 43/ 9 19-0

Fahrradverleih
Buhrfeind's Gaststätten, Krautsand 32, 21706 Drochtersen, Tel. 0 41 43/ 71 65

Unterkunft und Gasthöfe
Buhrfeind's Gaststätten, Krautsand 32, 21706 Drochtersen, Tel. 0 41 43/ 71 65

Hotel Zur Elbaussicht, Zur Elbaussicht 3, Krautsand, 21706 Drochtersen, Tel. 0 41 43/ 72 58

Bahnanschluß
Himmelpforten, Stade

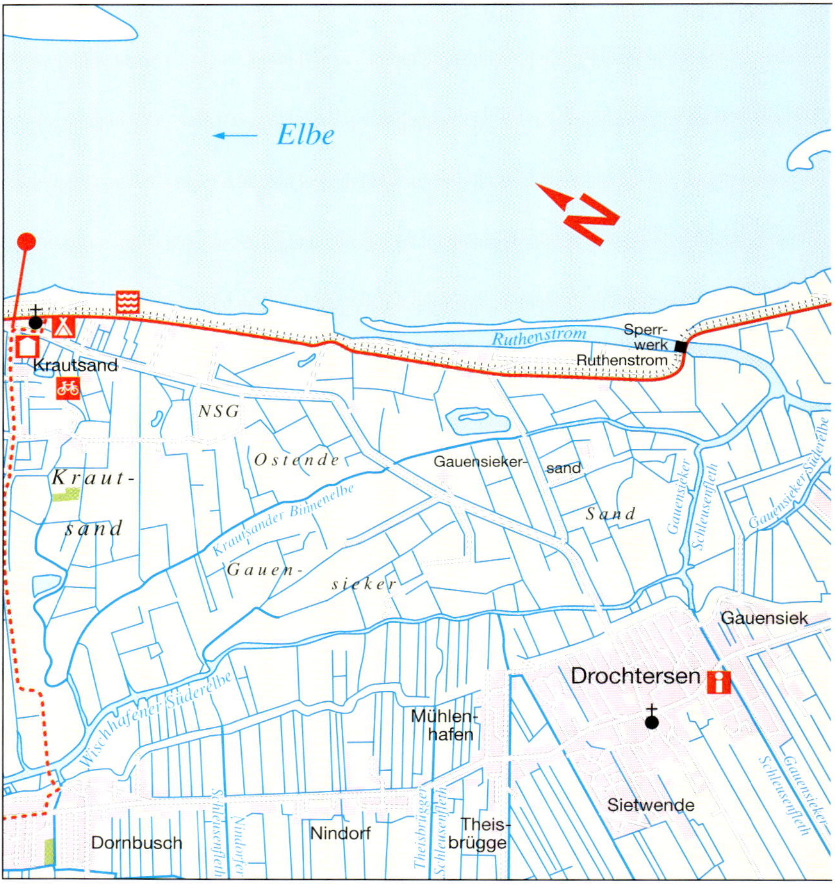

Die Strecke

Länge: 11,5 km.
Wege: Deiche, Ortsstraßen.
Steigungen: Nur Deichauffahrten.
Verkehr: Gering.
Markierung: Keine.
Gesamteindruck: Auf dem Elbdeich genießt man die Aussicht auf die nahe Niederelbe zur Linken und auf Krautsand zur Rechten. Kommen keine Ozeanriesen vorbei, herrscht garantiert Ebbe. Der Deich, erst 1976 angelegt, verband die alte Elbinsel mit dem »Festland«.

Krautsand – Ruthenstrom ______ 4,5 km

Von Krautsand radelt man auf dem hohen Elbdeich weiter in Richtung Stade. Bretteben ist das Weideland auf Krautsand, nur ab und zu unterbrochen von kleinen Gehölzen. Gelegentlich stehen die Häuser noch auf Wurten. Außendeichs findet man streckenweise breiten Strand, alte Weiden säumen das Ufer. Auch auf Krautsand werden intensiv Bullen gezüchtet, die älteren Tiere sind allerdings sicher untergebracht. Man radelt streckenweise auf dem Deich oder am Deichfuß außen- oder binnendeichs. Kurz vor dem Sperrwerk »Am Ruthenstrom« kommt man durch ein Gewerbegebiet.

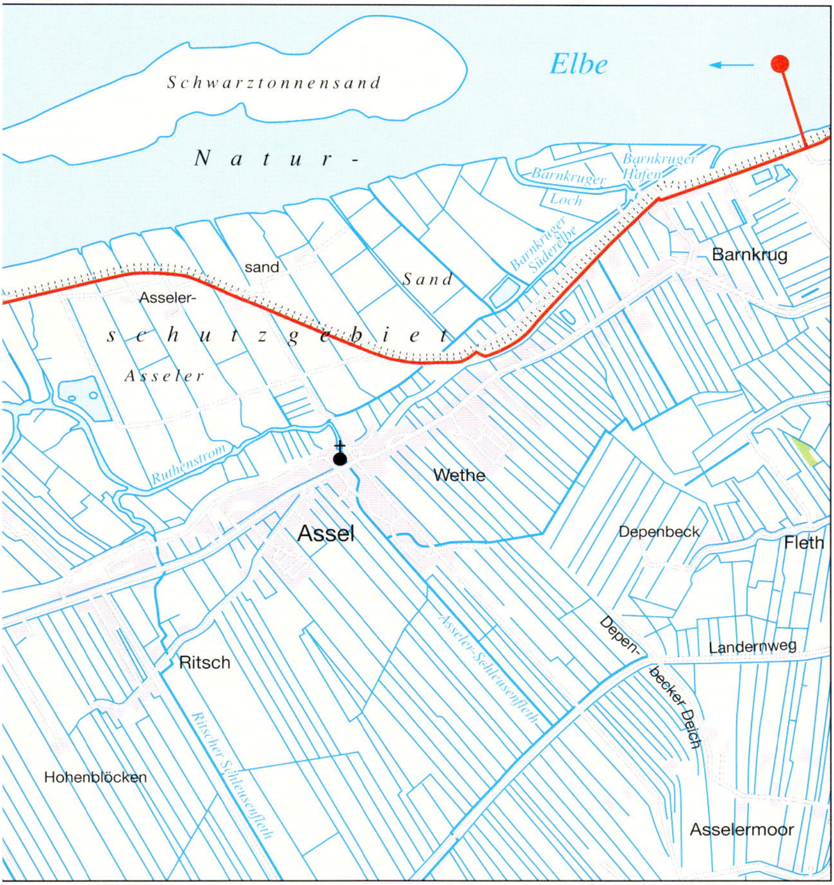

Ruthenstrom – Barnkrug ______ 7 km

Spätestens am Ruthenstrom wird deutlich, daß Krautsand früher eine regelrechte Insel war: Der Hauptstrom der Elbe floß vor Jahrhunderten sogar südlich der Insel vorbei. Jenseits des (ständig passierbaren) Sperrwerks Ruthenstrom sollte man binnendeichs weiterradeln. Die Fahrt geht nun durch den Asseler Sand. Nur der Blick auf die Karte läßt erkennen, daß man bei Barnkrug wiederum einen alten Elbarm überquert. Bei Barnkrug tauchen die ersten Obstbaumkulturen auf: Das Alte Land ist nicht mehr fern. Die Gräben weisen darauf hin, daß das Land mühsam entwässert wurde.

INFOS

Auskünfte
Gemeindeverwaltung Drochtersen, Abt. für Fremdenverkehr, Sietwender Str. 11, 21706 Drochtersen, Tel. 0 41 43/ 9 19-0, 9 19-12

Fahrradverleih
Buhrfeind's Gaststätten, Elbinsel Krautsand 32, 21706 Drochtersen, Tel. 0 41 43/ 71 65

Unterkunft und Gasthöfe
Buhrfeind's Gaststätten, Elbinsel Krautsand 32, 21706 Drochtersen, Tel. 0 41 43/ 71 65

Bahnanschluß
Stade

Barnkrug – Twielenfleth

Die Strecke

Länge: 16,5 km.
Wege: Ortsstraßen, Asphaltwege, Radwege in Stade (streckenweise).
Steigungen: Keine.
Verkehr: Gering – mit Ausnahme von Stade.
Markierung: Keine.
Gesamteindruck: In diesem Streckenabschnitt wird deutlich, daß die Niederelbe ein hochindustrialisiertes Gebiet ist: Man stößt auf Verladestationen, Industriegleise, Fabriken – und das AKW Stade.

Barnkrug – Stade ____________ 9 km
Hinter Barnkrug schwenkt der Radweg zur Elbe. Verladerampen markieren den Beginn des Industriegebiets. In Abbenfleth geht es auf der Deichstraße landeinwärts zum Obstmarschenweg (Radweg) nach Bützfleth. Bei der Volksbank Kehdingen biegen wir links in die Alte Chaussee ein. Parallel zum Obstmarschenweg geht es Richtung ▶ **Stade**, meist auf ruhigen Wegen. Auf dem Schneeweg überqueren wir den Obstmarschenweg und radeln bis Schölisch (am Ende links halten). Jenseits der Freiburger Straße (Ampel) fahren wir auf der Hansestraße (Radweg) bis zum Schwedenspeicher in der Altstadt.

Stade – Twielenfleth ________ 7,5 km

Vom Schwedenspeicher radeln wir auf der Hansestraße weiter, am Hafen vorbei (Straßenseite wechseln). An der Schleuse, etwa in der Nähe des Hafens, biegen wir links in die Altländer Straße ein. Nach 300 m geht es links in die Straße »Schnurweg«, weiter dann »Am Schwingedeich«. Dem gewundenen Verlauf der schmalen Asphaltstraße folgend, fahren wir bis Wöhrden, wo wir den Obstmarschenweg unterqueren. In Melau biegen wir halb rechts in die Straße Melau ein, in Bassenfleth führt der Weg rechts nach Twielenfleth im ▶ **Alten Land**. Sehenswert sind die Kirche und die Mühle in Twielenfleth.

INFOS

Auskünfte
Fremdenverkehrsamt, Bahnhofstraße 3, 21682 Stade, Tel. 0 41 41/40 14 50

Samtgemeinde Lühe, Huttfleth 18, 21720 Steinkirchen, Tel. 0 41 42/89 90

Fahrradverleih
Reisebüro Niederelbe, Bahnhofstr. 3, 21682 Stade, Tel. 0 41 41/34 73 und 35 62

Drogemöller, Am Deich 11, 21723 Hollern-Twielenfleth, Tel. 0 41 41/7 03 04

Unterkunft
Hotel am Fischmarkt, Fischmarkt 2 21682 Stade, Tel. 0 41 41/4 49 62

Bahnanschluß Stade

Cuxhaven – Land Kehdingen und Krautsand

▶ Cuxhaven

Cuxhaven an der Mündung der Elbe in die Nordsee geht zurück auf das Amt Ritzebüttel, das vom 14. Jahrhundert bis 1937 zu Hamburg gehörte. Der Name Kuckeshaven (Kooghafen) für ein Dorf am Ritzebütteler Schleusenpriel bürgerte sich nach 1570 ein. Unter Napoleon wurde Cuxhaven zu einer Festung ausgebaut. Ein Hamburger Amtmann ließ die Landstadt 1816 in ein Seebad umbauen. Vom Weitblick jenes Mannes profitiert die Stadt bis heute: Cuxhaven ist das größte deutsche Seebad. Der Seefischmarkt gilt als einer der bedeutendsten Umschlagplätze Europas; die Auktionen finden meist montags früh ab 6.45 Uhr zwischen altem und neuem Fischereihafen statt.
Sehenswürdigkeiten sind das Seezeichen Kugelbake von 1730, der ehemalige Schiffsanleger Alte Liebe von 1732 und das Schloß Ritzebüttel. Schloß Ritzebüttel mit der stadtgeschichtlichen Sammlung ist vorerst wegen Umbaus geschlossen. Im Ortsteil Stickenbüttel trifft man auf das Wrackmuseum (montags geschlossen). Das Nationalpark-Zentrum (Hans-Claußen-Str. 19, Stadtteil Sahlenburg, im Winter samstags geschlossen) informiert über den Nationalpark Wattenmeer. Größte Attraktion des Heilbads aber ist der 10 km lange Sand- und Grünstrand mit der Promenade.

▶ Land Hadeln

Hadeln wird im Westen vom Höhenzug der Hohen Lieth begrenzt, im Osten vom Flußlauf der Oste, im Süden reicht Hadeln bis zum Langen Moor, im Norden bis zur Elbe. Charakteristisch sind die Marschen längs der Elbe sowie die Höhenrücken Hohe Lieth, der Wingst, bei Lamstedt und Westerberg. Das teilweise unter Meeresniveau gelegene Sietland konnte durch den um 1850 gegrabenen Hadelner Kanal von Otterndorf nach Bremervörde entwässert werden. Nach dem Sturz des Sach-

Cuxhaven: alter Wasserturm (links), Land Kehdingen: Schiffsanlegestelle (rechts oben), Cuxhaven: Kugelbake (rechts unten)

senkönigs Heinrichs des Löwen teilten sich die Erzbischöfe von Bremen, die Herzöge von Sachsen-Lauenburg und Hamburg das Gebiet. Doch die Bauern des Hadelner Landes blieben frei, wenn auch arm. Hamburg übernahm die Landesspitze bei Ritzebüttel, heute Cuxhaven, mit der Insel Neuwerk und sicherte damit seine Schiffahrtswege.

Otterndorf

Otterndorf war einst der Hauptort des Landes Hadeln. Sehenswert ist die mächtige St.-Severi-Kirche, deren Ursprung im 14. Jahrhundert liegt. Die Kirche gilt als einer der prächtigsten Bauerndome mit schöner Innenausstattung. Das backsteinerne Rathaus stammt von 1583. Auch die Lateinschule von 1614, in der Johann Heinrich Voß Homers Epos »Odyssee« übersetzte, und das barocke Kranichhaus mit dem Heimatmuseum (Reichenstraße 3; montags geschlossen) sind einen Besuch wert. Im Torhaus des Wasserschlosses ist ein Museum des ostpreußischen Kreises Labiau untergebracht (Mi, Do und Sa geöffnet).

Land Kehdingen und Krautsand

Kehdingen erstreckt sich von der Oste bis nach Stade an der Schwinge, liegt also zwischen dem Land Hadeln und dem Alten Land. Das typische Marschengebiet der Niederelbe hat sehr fruchtbaren Boden, der für Obstbau, Rinder- und Pferdezucht genutzt wird. Kehdingen war aber auch das »Ziegelland« für die sich rasch ausbreitende Großstadt Hamburg: Die Schornsteine und Trockenhäuser der Ziegeleien im Außendeich bestimmten über Jahrhunderte das Landschaftsbild. Charakteristisch ist das bis zu 3 km breite Deichvorland. Oft findet man noch das Kehdinger Doppelhaus: ein großes und ein kleines niedersächsisches Hallenhaus stehen dicht nebeneinander. Mittelpunkt des Kehdinger Landes ist Drochtersen. Von dort ist es nur ein Katzensprung zur Elbinsel Krautsand, die früher durch den Hauptstrom der

Oste-Sperrwerk (links), Deich auf der Insel Krautsand (rechts oben), Kirche in Krautsand (rechts unten)

Elbe vom »Festland« getrennt war. Auf der ehemaligen Elbinsel trifft man noch alte Wurthäuser an. In Nord-Kehdingen sollte man das Natureum Niederelbe besuchen (Beim Oste-Sperrwerk, Balje, Tel. 0 47 53/3 91; montags geschlossen). Die Heimatstube (Asseler Straße 42, Drochtersen-Assel, Tel. 0 41 48/2 92 und 4 25) empfiehlt sich für Freunde der Elbinsel Krautsand.

Stade

1014 errichteten die Stader Grafen auf dem Spiegelberg an der Schwinge eine Burg. Eine Handelssiedlung kam hinzu, die Bremer Erzbischöfe erbauten St. Wilhadi. 1145 riß Heinrich der Löwe die Grafschaft Stade an sich. Stade war einer der wichtigsten Handelsplätze der Niederelbe. Rings um die Stadt legte Heinrich der Löwe Wall und Graben an. 1236 kamen Stadt und Grafschaft endgültig zu Bremen. Große Handelsfreiheiten und der Elbzoll brachten Stade großen Reichtum. Als in der Hansezeit die Schwinge-Mündung durch die Verlagerung der Elbströmung versandete, nahm der Handel erheblich ab. 1648 fiel Stade an Schweden und wurde Verwaltungshauptstadt. Markantes Ereignis der Schwedenzeit war der große Brand von 1659, der zwei Drittel der Stadt vernichtete.

Stades größte Sehenswürdigkeit ist die unzerstörte Altstadt mit einem der größten historischen Stadtkerne Norddeutschlands. Fischmarkt, Alter Hafen und Schwedenspeicher mit dem Museum zur Stader Geschichte (montags geschlossen) sind ein geeigneter Ausgangspunkt einer Stadterkundung. Der Alte Hafen war bis zum Sturmflutjahr 1962 in Betrieb. Dort steht auch das Bürgermeister-Hinze-Haus, 1621 im Stil der Weser-Renaissance errichtet (Haus Nr. 23). Im Haus Wasser West 7 (montags geschlossen) kann man Gemälde der Worpsweder Maler sehen. Weitere Sehenswürdigkeiten sind das alte Restaurant Knechthausen, das älteste Haus Stades (1590) in der Bäckerstraße, das 1667 errichtete barocke

Stade: Mikado-Kunstwerk vor Schwedenspeicher und Häusern am Alten Hafen

Rathaus, das Zeughaus, die gotische St.-Wilhadi-Kirche aus dem 13./14. Jahrhundert mit dem schiefen Turm sowie St. Cosmae und Damiani mit dem barocken Turmhelm (Gertrudenaltar, Arp-Schnitger-Orgel). Auch die »Insel«, ein Freilichtmuseum (montags geschlossen), ist einen Besuch wert.

Altes Land

Von Stade bis Harburg erstreckt sich das Alte Land – ein etwa 25 km langer und 7 km breiter Streifen Marschland, der vom hohen Geestrand – hier verläuft die B 73 – nach Süden abgegrenzt wird. Das Alte Land wurde aufgrund seiner fruchtbaren Böden, des günstigen Klimas und des Fleißes seiner Bewohner zum größten geschlossenen Obstanbaugebiet Deutschlands. Markenartikel sind Äpfel und Kirschen. Noch im 12. Jahrhundert war das Gebiet im Urstromtal der Elbe eine wilde Naturlandschaft mit Inseln und Werdern, Sümpfen, Bruchgebieten und kleineren Flußläufen. Die Elbe überflutete regelmäßig das Land und lagerte fruchtbaren Schlick ab. Anfang des 12. Jahrhunderts wurden Holländer ins Land geholt, die die Marsch trockenlegten. Rings um Hollern entstand die »erste Meile«. Das Land zwischen Lühe und Este mit Jork und Ladekop wurde zur »zweiten Meile«, das Gebiet bis Moorburg wurde als »dritte Meile« ringsum eingedeicht. Die Entwässerung des zu weiten Teilen unter Normalnull liegenden Landes war nur mit Schleusen und Schöpfwerken möglich. Das Alte Land, eines der beliebtesten Naherholungsgebiete im norddeutschen Raum, wird besonders gern während der Obstblüte Ende April besucht. Empfehlenswert ist auch ein Besuch des Museums »Altes Land« in Jork (Tel. 0 41 62/57 15, montags ist das Museum geschlossen).

Kirschblüte im Alten Land (links), Apfelernte (rechts oben), Hafen von Stade (rechts unten)

ELBE 17
GROSSE HAFEN-RUNDFAHRT
BARKASSEN

Hafenstadt Hamburg: Tor zur Welt

In Lühe heißt es Abschied nehmen vom Alten Land. Mit der Fähre geht es über den Strom nach Wedel in Holstein. Auf dem Wasser läßt sich der Fluß neu erfahren: Man vergleicht beide Uferlinien, man sieht die Ozeanriesen nah vorüberfahren.

Es schließt sich eine der schönsten Radtouren an, die man rings um Hamburg machen kann: Die Fahrt am Elbufer entlang von Wedel nach St. Pauli. Wie Perlen auf einer Kette reihen sich die stattlichen Elbvororte aneinander. In Altona wird das Klima etwas rauher, in St. Pauli kündet grobes Pflaster vom harten Alltag der Bewohner. St.-Pauli-Landungsbrücken, die Schiffe Rickmer Rickmers und Cap San Diego, die Speicherstadt, das Chilehaus – auch die weitere Strecke am Nordufer der Elbe ist sehr abwechslungsreich. In den Vier- und Marschlanden angekommen, nach all der verwirrenden Vielfalt der Elbarme, wird man wohl nicht bestreiten, daß Hamburg die Stadt mit den meisten Brücken in Europa ist.

Dieser Abschnitt des Elbe-Radwanderwegs ist 76 km lang und an Abwechslung und Kontrasten kaum zu überbieten. Streckenweise muß mit viel Verkehr gerechnet werden (siehe »Ausweichrouten« Fahrt durch den Alten Elbtunnel sowie »Hamburg per S-Bahn«, S. 120, 122).

Blick über die St.-Pauli-Landungsbrücken zum Hamburger Hafen

Twielenfleth – Wedel

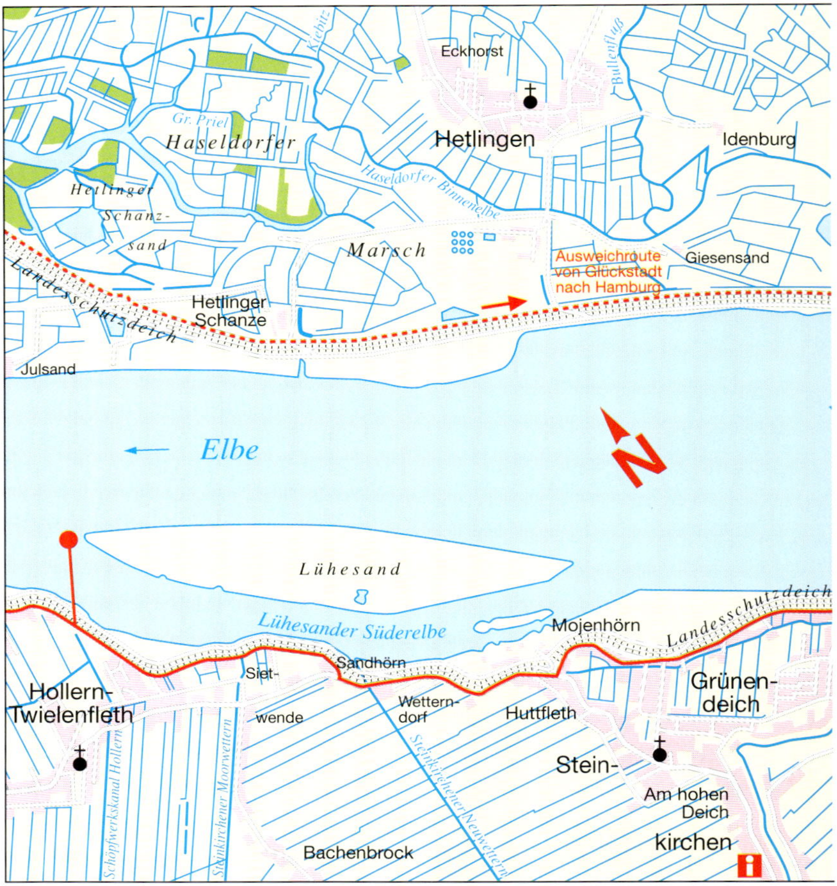

Die Strecke

Länge: 12,5 km (Länge mit Elbquerung).
Wege: Radwege längs des Elbdeichs und in Wedel.
Steigungen: Nur in Wedel geringe Steigungen.
Verkehr: In Lühe besonders an Wochenenden reger Ausflugsverkehr, innerstädtischer Verkehr in Wedel.
Markierung: Keine.
Gesamteindruck: Eine schöne Strecke, die ihren Reiz nicht zuletzt der Elbüberfahrt von Lühe zum Willkommhöft in Wedel verdankt (siehe »Ausweichrouten«).

Twielenfleth – Lühe 6 km

Von Twielenfleth geht es weiter am Elbdeich entlang nach Lühe. Mal fährt man rechts auf dem Radweg, mal kann man links auf dem Elbdeich radeln. In Grünendeich macht die Straße einen kurzen Schwenk in den Ort hinein – ein guter Anlaß, sich den Leuchtturm und die Kirche anzusehen. Wer mehr vom Alten Land sehen will, sollte einen Abstecher unternehmen: Die schönsten Altländer Häuser stehen in Steinkirchen am westlichen Lühedeich. In Guderhandviertel kann man die Lühe überqueren und am östlichen Lühedeich zurück zur Elbe radeln (an der Straße Höhen wiederum die Lühe

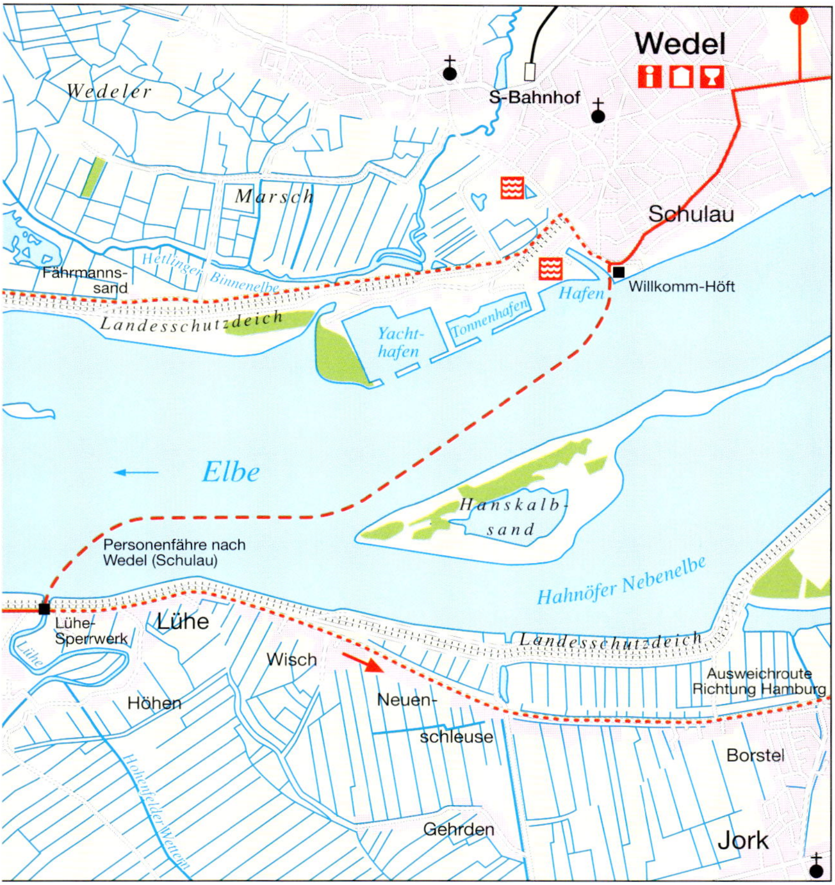

überqueren). – Ohne Abstecher: von Grünendeich am Elbdeich entlang bis Lühe.

Lühe – Wedel _______________ 6,5 km
Die Ausflugsschiffe nach Hamburg sind auf Radfahrer eingestellt, doch Passagiere ohne Rad haben Vorrang – was im Sommer lange Wartezeiten bedeuten kann (siehe »Ausweichrouten«). In Wedel kommt man am Willkomm-Höft an, wo alle Schiffe, die den Hamburger Hafen anlaufen oder verlassen, gebührend begrüßt bzw. verabschiedet werden. Ortsdurchfahrt: Parnaßstraße, Elbstraße, Galgenberg, dann rechts ab in den Tinsdaler Weg.

INFOS

Auskünfte
Rathaus Wedel, Rathausplatz 3–5, 22880 Wedel, Tel. 0 41 03/70 70

Fahrradverleih
Drogemöller, Am Deich 11, 21723 Hollern-Twielenfleth, Tel. 0 41 41/7 03 04

Fahrradverleih und -werkstatt
Fahrradhof-Scholz, Ludolfstr. 7, 20249 Hamburg, Tel. 0 40/46 36 96 und 4 80 77 38

Unterkunft
Elblust, Schulauer Str. 9, 22880 Wedel, Tel. 0 41 03/21 86

Bahnanschluß
S-Bahnhof Wedel

Die Strecke

Länge: 11 km.
Wege: Radwege in Wedel, Uferwege nach Teufelsbrück.
Steigungen: In Wedel und am Falkensteiner Ufer.
Verkehr: Ortsverkehr in Wedel.
Markierung: Keine.
Gesamteindruck: Hat man die Industrie-Anlagen von Wedel hinter sich, zeigt sich Hamburg von seiner schönsten Seite: Die Parade der stattlichen Elbvororte Hamburgs sucht andernorts ihresgleichen.

Wedel – Blankenese _________ 5,5 km
Vom Tinsdaler Weg biegt man hinter dem HEW-Kraftwerk (gegenüber mündet die Industriestraße ein) rechts in einen Sandweg ein und fährt, an einer Mauer entlang, zur Elbe. Links geht es über den Parkplatz von Mobil Oil und am Rissener Ufer weiter nach ▶ **Hamburg**. Am Hang und am Ufer erstrecken sich zwei stadtnahe Naturschutzgebiete. Die Elbe ist streckenweise durch Bäume und Gebüsch verdeckt, im Sommer herrscht hier reges Strandleben. In Wittenbergen entfernt sich die Straße von der Elbe, dann geht es am Falkensteiner Ufer weiter, das für Kfz-Verkehr gesperrt ist. Oben am

Hang liegt der Sven-Simon-Park mit Hamburgs stattlichsten Villen. Auf dem Strandweg geht es nach ▶ **Blankenese**, Hamburgs Edel-Vorort mit italienischem Flair. Um das Treppenviertel (5000 Stufen) zu erkunden, sollte man die Räder am Strandweg abschließen.

Blankenese – Hindenburgpark ______ 5,5 km
Vorbei am vornehmen Strandhotel radelt man am Mühlenberg entlang nach Nienstedten. Man fährt durch eine parkähnliche Uferlandschaft. Unterwegs kann man an einigen ufernahen Ausflugslokalen Rast machen. Auch in Teufelsbrück bietet sich eine Rast an.

INFOS

Auskünfte
Blankeneser Bürger-Verein, Blankeneser Bahnhofstraße 31 a, 22587 Hamburg
Tel. 040/ 86 70 32 (Di u. Fr 9.30–12.30 Uhr)

Fahrradverleih und -werkstatt
Fahrradhof Scholz, Ludolfstr. 7, 20249 Hamburg, Tel. 040/46 36 96 und 4 80 77 38

Unterkunft
JH »Auf dem Stintfang«, Alfred-Wegener-Weg 5, 20459 Hamburg, Tel. 0 40/31 34 88

JH »Horner Rennbahn«, Rennbahnstr. 100, 22111 Hamburg, Tel. 0 40/6 51 16 71

Bahnanschluß
S-Bahnhöfe Wedel, Blankenese und Klein-Flottbek

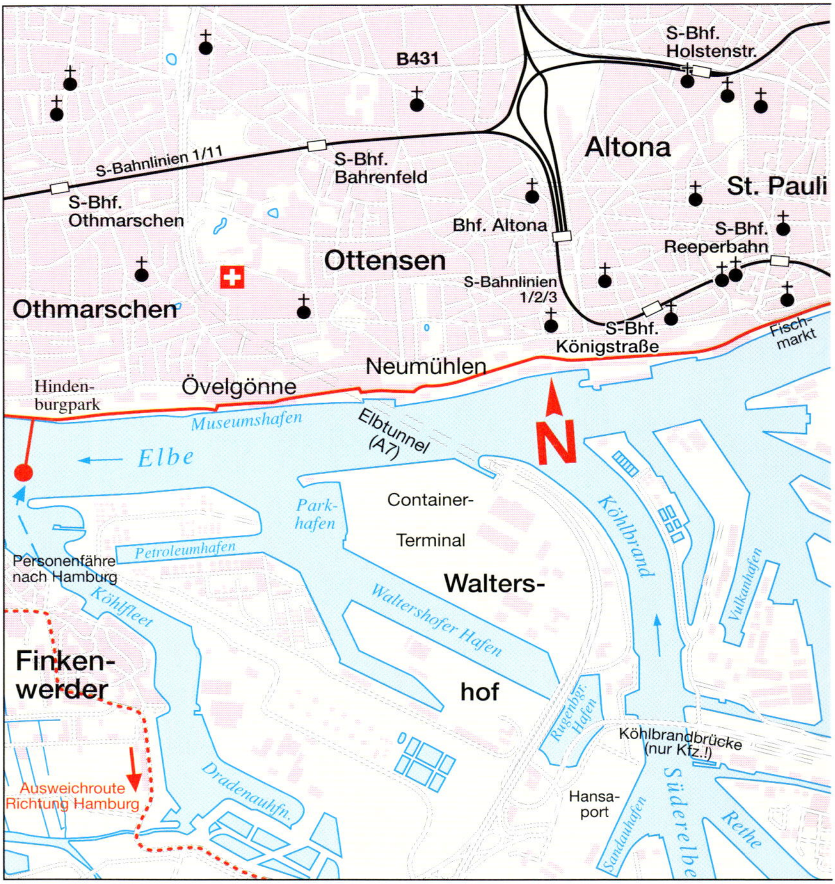

Die Strecke

Länge: 12,5 km.
Wege: Ufernahe Radwege, Gehwege in Övelgönne (evtl. 500 m schieben), Pflasterstraße, innerstädtische Radwege.
Steigungen: Keine.
Verkehr: Reger Verkehr ab St. Pauli.
Markierung: Keine.
Gesamteindruck: In jeder Hinsicht eine abwechslungsreiche Strecke, die viel Landschaft, interessante Architektur und Hafenatmosphäre bietet.

Hindenburgpark – Landungsbrücken ______ 6 km

Auf dem Elbuferweg geht es nach Övelgönne. In Neumühlen lohnt ein Rundgang durch den Museumshafen. Am Fährterminal vorbei nähert man sich auf holprigem Pflaster St. Pauli. Rund um die Fischauktionshalle findet sonntags der Fischmarkt statt. Kurz darauf erreicht man die Landungsbrücken mit dem Alten Elbtunnel.

Landungsbrücken – Rothenburgsort ______ 6,5 km

Die Schiffe Rickmer Rickmers und Cap San Diego, Deichstraße und Speicherstadt, Katharinenkirche, Chilehaus

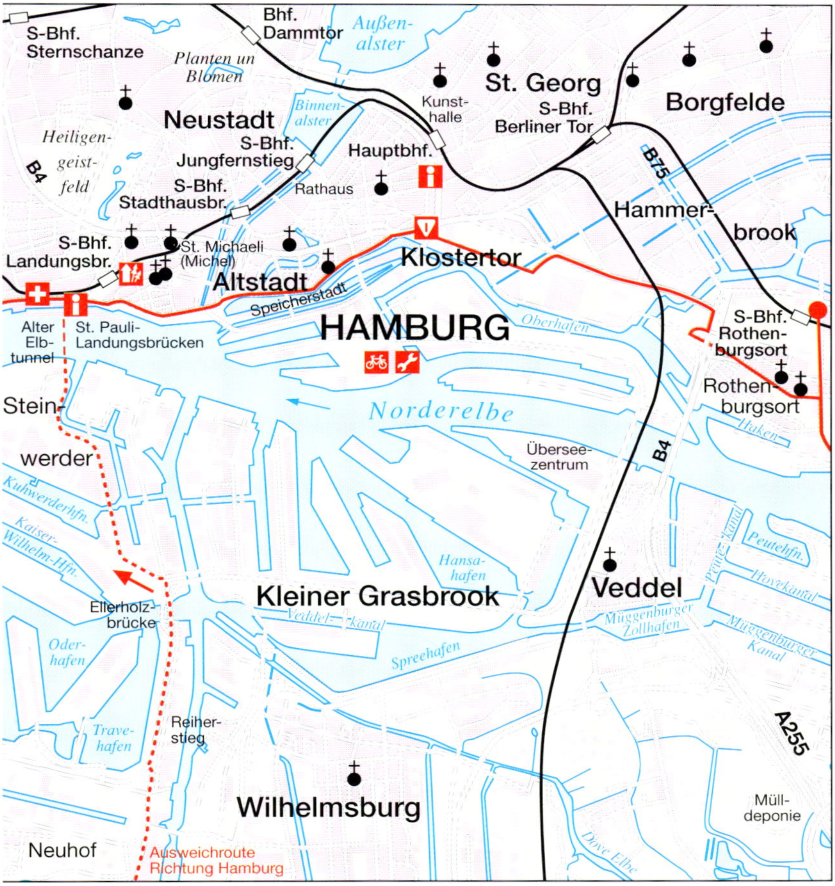

und Deichtorhallen hindurch – das sind die Blickpunkte der weiteren Strecke. Wir überqueren den Deichtorplatz, radeln zwischen den Deichtorhallen in die Banksstraße, dann links durch die Lippeltstraße bis zur Amsinckstraße. Rechts geht es weiter, am Ende der Amsinckstraße fahren wir rechts in die Billhorner Brückenstraße. Hinter der Brücke halten wir uns rechts und unterqueren in einer Linkskurve die Billhorner Brückenstraße. (Schwierige Wegführung! Man kommt hinter dem Tunnel u. U. auf der linken Straßenseite an.) Auf dem Billhorner Röhrendamm geht es nach Rothenburgsort.

INFOS

Auskünfte
Tourist Information am Hafen, St.-Pauli-Landungsbrücken, zwischen Brücke 4 und 5, Tel. 0 40/30 05 12 00, Öffnungszeiten: tägl. 9.30–17.30 Uhr

Fahrradverleih und -werkstatt
Fahrradhof Scholz, Ludolfstr. 7, 20249 Hamburg, Tel. 0 40/46 36 96 und 4 80 77 38

Fahrradgeschäft und -werkstatt
Fahrradladen St. Georg, Schmilinsky-Str. 6 , (Nähe Hbf.), 20099 Hamburg, Tel. 040/24 39 08

Bahnanschluß
S-Bahnhof Landungsbrücken, Hauptbahnhof

Rothenburgsort – Fünfhausen

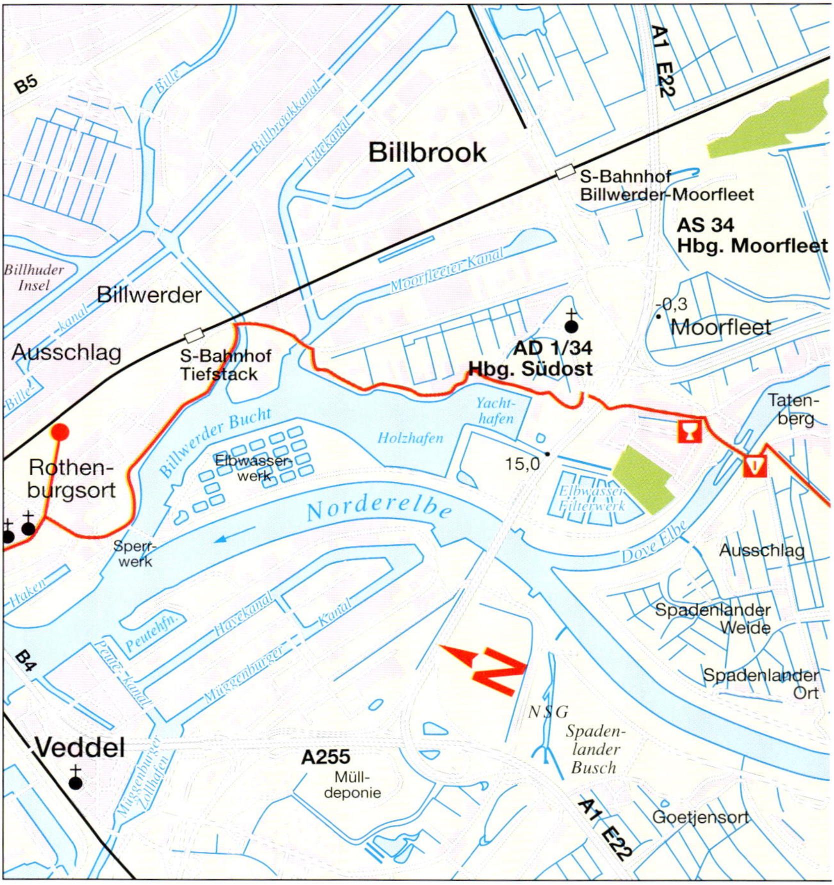

Die Strecke

Länge: 13 km.
Wege: Deichwege, Straßen, Damm der ehemaligen Marschbahn.
Steigungen: Keine.
Verkehr: Geringer Kfz-Verkehr, mit Ausnahme der Querstraßen zum Marschbahndamm.
Markierung: Keine.
Gesamteindruck: Ruhiger Weg durch alte Gebiete des Hamburger Hafens. In den Vier- und Marschlanden fährt man auf dem Damm der ehemaligen Marschbahn. Übernachtungsmöglichkeit in den Vier- und Marschlanden erst ab Sommer 1997 (Zollenspieker).

Rothenburgsort – Tatenberg _6,5 km
In Rothenburgsort führt der Radweg hinter der Kirche rechts in die Straße »Billhorner Deich«. Geradeaus kommt man zum Ausschläger Billdeich, in den wir links einbiegen. Am Deich entlang radelt man an der Flußschifferkirche vorbei in Richtung Tiefstack-Schleuse. Am Kraftwerk geht es rechts in die Ausschläger Allee. Wir fahren über die Andreas-Meyer-Brücke und biegen unmittelbar danach rechts in den Moorfleeter Deich ein. Hier im Hafengebiet kündigen sich bereits die Gewächshäuser der Vier- und Marschlande an. Wir unterqueren zwei Autobahnbrücken, radeln bis zur Gast-

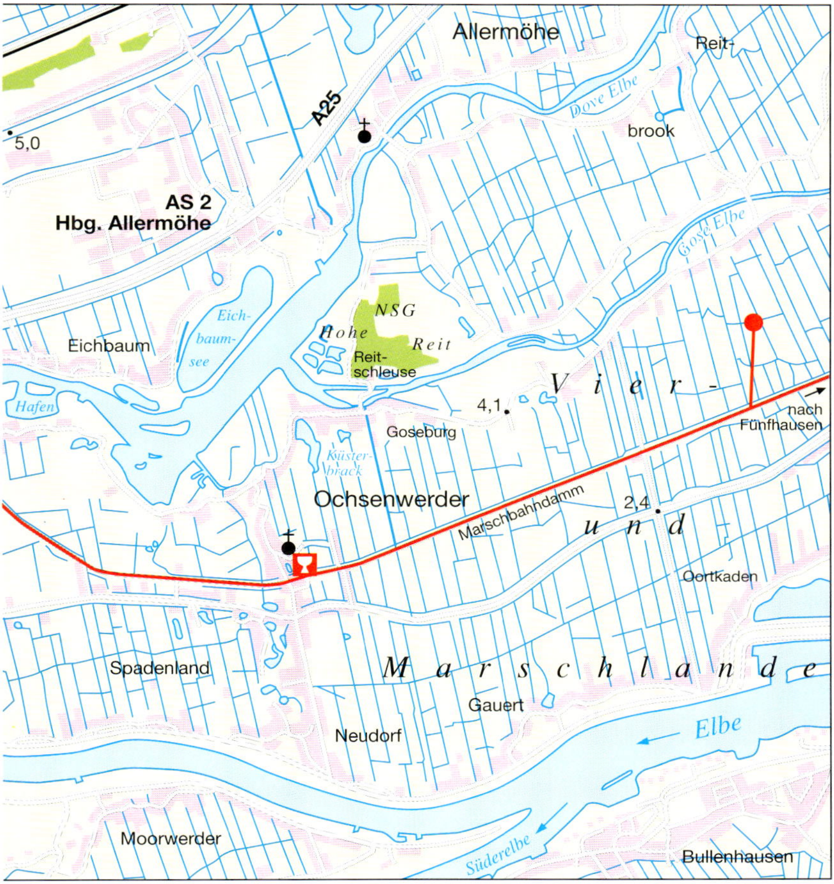

stätte »Zur Elbbrücke« und biegen rechts in die Tatenberger Straße ein.

Tatenberg – Fünfhausen ______ 6,5 km
In Tatenberg überqueren wir die Dove Elbe (der Name bedeutet »taube« Elbe) und fahren links in die Straße »Tatenberger Deich«. Der zweite Weg rechts ab ist der Damm der ehemaligen Marschbahn, auf dem wir geradeaus bis Ochsenwerder radeln. Mit der Marschbahn transportierten die Bauern früher Gemüse nach Hamburg. In Ochsenwerder halten wir uns strikt geradeaus und fahren auf dem Bahndamm – hier als Betonspurenweg – bis zum Ortsbeginn von Fünfhausen

INFOS

Auskünfte
Tourist Information im Hauptbahnhof, Wandelhalle, Ausgang Kirchenallee, Tel. 0 40/30 05 12 00, Öffnungszeiten: tägl. 7.00–23.00 Uhr

Fahrradgeschäft
Gundlach, Kirchwerder Hausdeich 92, 21037 Hamburg, Tel. 0 40/7 23 10 86

Restaurant
Zur Elbbrücke, Moorfleeter Deich 259, 22113 Hamburg, Ortsteil Tatenberg, Tel. 0 40/7 37 23 04

Bahnanschluß
S-Bahnhöfe Rothenburgsort, Bergedorf

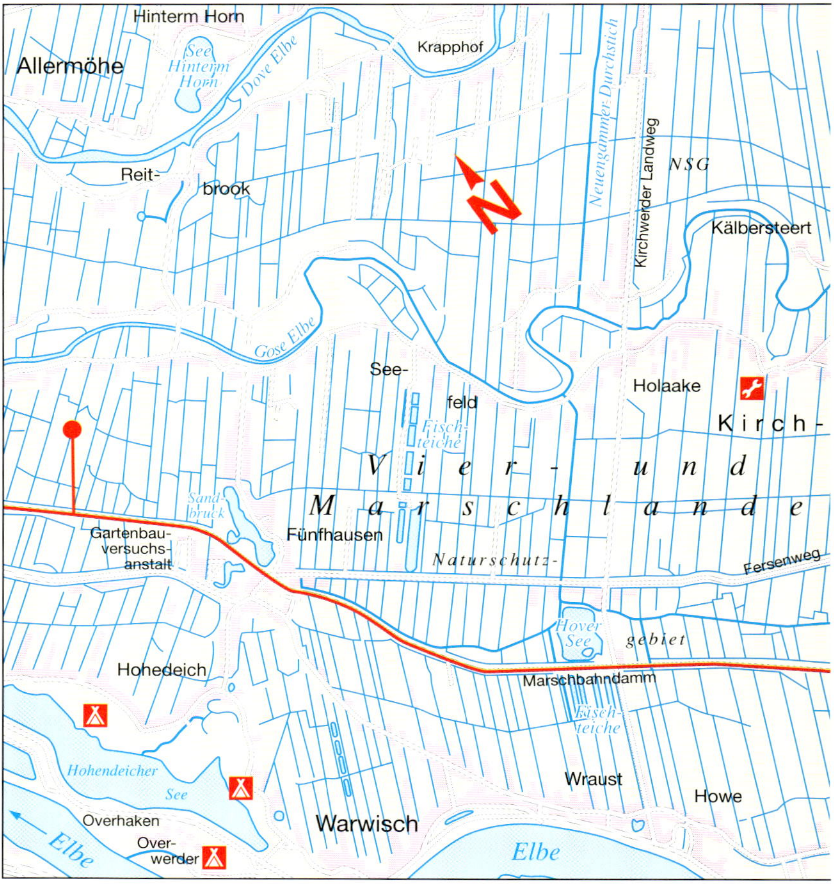

Die Strecke

Länge: 14,5 km.
Wege: Radweg auf dem Damm der ehemaligen Marschbahn.
Steigungen: Keine.
Verkehr: Gering, mit Ausnahme der Querstraßen zum Marschbahndamm.
Markierung: Keine.
Gesamteindruck: Nach dem Hamburger Hafen sind die Vier- und Marschlande ein erholsamer Kontrast. Tausende Gewächshäuser in Reih und Glied, Binnendeiche, Bracks und alte Elbarme wechseln einander ab. Vorläufig keine Übernachtungsmöglichkeit in den Vier- und Marschlanden.

Fünfhausen – Teufelsort ______ 7,5 km
In Fünfhausen überqueren wir auf dem Lauweg (links liegt die Bahnhofsgaststätte) die Straße Durchdeich und fahren am Edeka-Laden rechts vorbei. Auf dem Damm der Marschbahn radeln wir durch das Naturschutzgebiet Kirchwerder Wiesen. Der Radweg überquert den Kirchwerder Landweg. 2 km hinter der Straßenquerung, wo der Radweg rechts nach Zollenspieker abbiegt, hält man sich links und fährt geradeaus weiter bis Teufelsort. (Ein Abstecher nach Zollenspieker mit dem historischen Fährhaus lohnt erst nach der Wiedereröffnung des Hauses im Sommer 1997.)

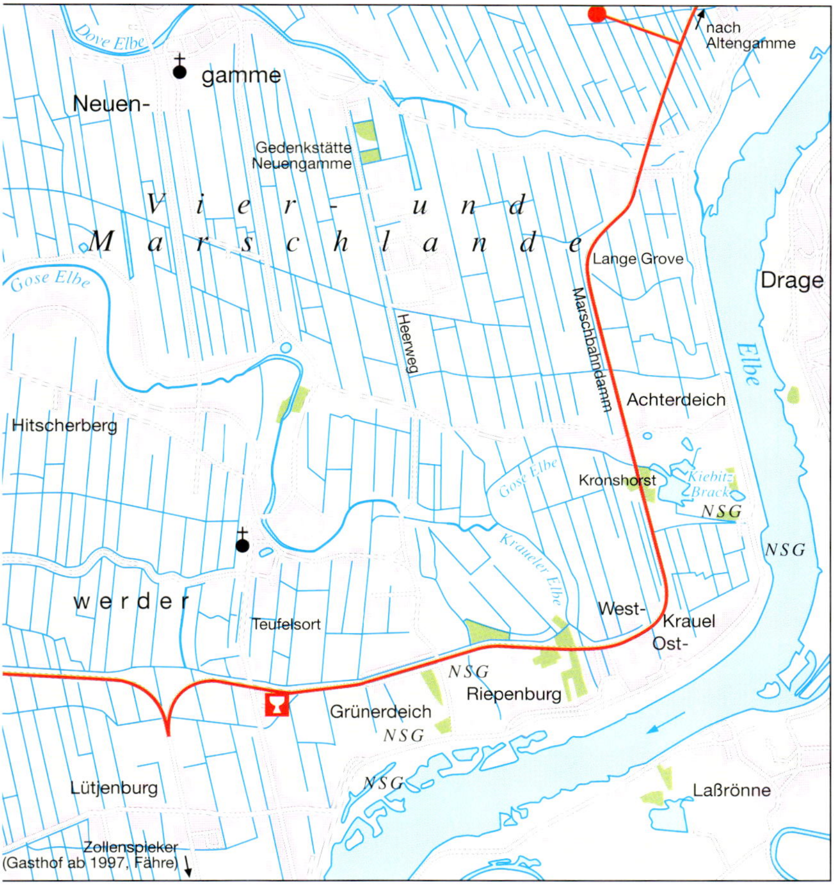

Teufelsort – Altengamme ______ 7 km

In Teufelsort überqueren wir den Kirchenheerweg und fahren auf dem Kirchwerder Marschbahndamm an der ehemaligen Riepenburg vorbei, Ort einer mittelalterlichen Wallburg an der Elbe (keine Besichtigung). Auf dem Damm der Marschbahn radeln wir über Kronshorst und Lange Grove bis Altengamme. Wer die Gedenkstätte des KZ Neuengamme (Di–So 10–17 Uhr) besichtigen will, biegt in Lange Grove links in den Neuengammer Hausdeich ein, dann zweigt links der Jean-Dolidier-Weg ab. Ein Teil des ehemaligen Konzentrationslagers ist heute Strafvollzugsanstalt.

INFOS

Auskünfte
Tourist Information im Hbf. Hamburg, Wandelhalle, Tel. 0 40/30 05 12 00

Fahrradgeschäft
Gundlach, Kirchwerder Hausdeich 92, 21037 Hamburg-Kirchwerder, Tel. 0 40/7 23 10 86

Restaurant
Meyns, Kirchenheerweg 91, 21037 Hamburg-Teufelsort, Tel. 0 40/7 23 04 05

Restaurant und Unterkunft
voraussichtlich ab Sommer 1997: Zollenspieker Fährhaus

Bahnanschluß S-Bahnhof Bergedorf

Die Strecke

Länge: 12,5 km.
Wege: Damm der Marschbahn, Landstraße, Ortsstraßen, streckenweise mit Radwegen.
Steigungen: Geringe Steigung nur bei Geesthacht.
Verkehr: Reger Verkehr in Geesthacht.
Markierung: Keine.
Gesamteindruck: Der erste Abschnitt führt noch durch die Vier- und Marschlande, die Obst- und Gemüsekammer Hamburgs. Bei Geesthacht verläuft der Radweg unmittelbar am Hang des Urstromtals der Elbe entlang.

Altengamme – Geesthacht ______ 7 km
Vor der Weiterfahrt empfiehlt sich eine Besichtigung der Pfarrkirche St. Nikolai in Altengamme, die den wohl schönsten Innenraum der acht alten Kirchen der Vier- und Marschlande hat. Sie trägt in ihrem Turm eine wertvolle Glocke des berühmten Glockengießers Geert van Wou aus dem Hamburger Dom. – Auf dem Damm der Marschbahn geht es weiter von Altengamme in Richtung Borghorst, wo der Bahndamm endet. Dort biegt der Elbe-Radwanderweg scharf rechts ab, überquert die Landstraße und verläuft auf den Straßen »Horster Damm« und »Am Schleusenkanal« am Elbufer entlang

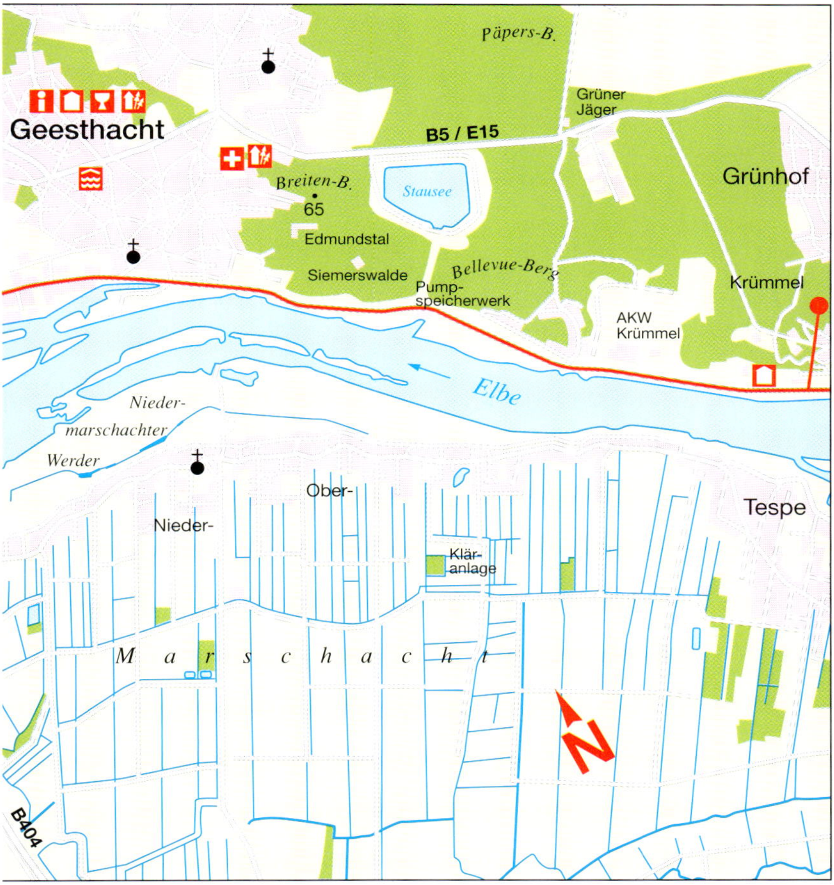

nach ▶ **Geesthacht**. Wir unterqueren die B 404 und fahren auf der Wärderstraße rechts ab in die Steinstraße.

Geesthacht – Krümmel 5,5 km
Um einen Abstecher in die Altstadt von Geesthacht zu unternehmen, radelt man von der Steinstraße links in die Elbstraße – unterdessen geht die Radtour unmittelbar am Elbufer weiter in Richtung Krümmel. Man kann auf dem Radweg längs der Elbuferstraße fahren; weiter rechts verläuft ein zweiter, bequemerer Radweg. Nachdem man das Pumpspeicherwerk mit seinen hellgrünen Röhren passiert hat, folgt bald das AKW Krümmel.

INFOS

Auskünfte
Tourist-Information Geesthacht, Stadtverwaltung, Markt 15, 21502 Geesthacht
Tel. 0 41 52/13-278, Öffnungszeiten:
Mo–Fr 9–12 Uhr

Fahrradgeschäft
Gundlach, Kirchwerder Hausdeich 92, 21037 Hamburg, Ortsteil Kirchwerder,
Tel. 0 40/7 23 10 86

Unterkunft
JH Geesthacht, Berliner Str. 117, 21502 Geesthacht, Tel. 0 41 52/23 56

Bahnanschluß
S-Bahnhof Bergedorf

Blankenese – Hamburg

Blankenese

Hamburgs nobelster Vorort an der Elbe verdient es, ganz für sich betrachtet zu werden. Am besten, man stellt die Räder sicher unter und erkundet zu Fuß das Hangviertel, das mit seinem italienischen Flair noch jeden Besucher überrascht hat. Verschwiegene Treppen, anheimelnde Kapitänshäuschen, verborgene Wege und unverhoffte Ausblicke auf die Elbe erwarten den steigfesten Besucher. 5000 Stufen kann man gehen. Wo gibt es den schönsten Ausblick?

Wir empfehlen, vom östlichen Strandweg Baur's Treppe hochzugehen und oben – man steht hier auf der Uferkante des alten Urstromtals – links in den Hohen Weg einzubiegen. Die Elbe ist bei Blankenese unerwartet breit, jenseits liegt Cranz im Alten Land. Das Café mit dem schönsten Ausblick ist wohl der Kaffeegarten Schuldt (Aufgang vom Strandweg: Rutsch oder Süllbergstreppe; Süllbergs Terrasse 30, montags geschlossen). Aber auch im Café des Strandhotels am Strandweg sitzt man nicht schlecht: Hier fahren die Containerriesen zu Opernmusik so dicht am Fenster vorbei, daß der Raum verdunkelt wird.

Hamburg

Hamburg geht auf die Hammaburg zurück, eine im 9. Jahrhundert errichtete Festung Karls des Großen gegen die Sachsen und Slawen. Als eine der führenden Städte der Hanse gewann Hamburg im 13.–15. Jahrhundert Reichtum und Macht. Der Große Brand von 1842 leitete umfangreiche Baumaßnahmen ein, deren Resultate (Rathausmarkt, Mönckebergstraße) noch heute zu sehen sind. Für die freie Reichsstadt löste der Anschluß an das Deutsche Reich eine Krise aus. Nach dem Fall der Mauer erlebte die Hansestadt erneut eine Zeit der Blüte: Hamburg erhielt das Hinterland zurück.

Hamburg kann man auf verschiedene Weise kennenlernen, z. B. auf einem

Hamburg: Rathausturm (links), Blick auf Blankenese (rechts oben), Museumshafen Övelgönne (rechts unten)

Spaziergang vom Hauptbahnhof über die Mönckebergstraße zum Rathaus, auf dem Jungfernstieg zum Gänsemarkt, von dort zum Park »Planten und Blomen«. Unterwegs sollte man das **Rathaus** näher anschauen. Der Prachtbau wurde 1886–1897 im Stil der nordischen Neorenaissance gebaut. Das mit einem 112 m hohen Turm ausgestattete Bauwerk ist Ausdruck der Identitätskrise Hamburgs nach dem Großen Brand von 1842 und dem Anschluß an das Deutsche Reich. An der Fassade verdeutlichen die Skulpturen von 20 deutschen Kaisern die Beziehungen Hamburgs zum alten deutschen Reich. Am Turm sind zwei von ihnen hervorgehoben: Karl der Große (links) und Friedrich Barbarossa. (Mit Besichtigung.) Hinter dem Rathaus steht die 1839–1841 im Stil des Klassizismus errichtete neue **Börse**, die den Großen Brand von 1842 überstand und mit dem Rathaus eine architektonische Einheit bildet. Auch der **Rathausmarkt** ist einen Blick wert, gilt der Platz doch als städtebaulich überzeugend: Besonders die 1842/43 von Chateauneuf entworfenen Alsterarkaden und die Wassertreppe gefallen bis heute. Vom Bahnhof kommend, bietet sich ein zweiter Spaziergang an, der den Besucher mit Hamburgs Kirchen bekanntmacht. Erste Station ist **St. Jacobi**, leicht über die Mönckebergstraße zu erreichen. Die gotische Hallenkirche aus dem 14./15. Jahrhundert brannte im Zweiten Weltkrieg aus und wurde mustergültig wieder aufgebaut. Sehenswert ist vor allem die Arp-Schnitger-Orgel (1689–1693), die größte erhaltene Barockorgel Norddeutschlands (Mo–Sa 10–17 Uhr). Unmittelbar an der Mönckebergstraße steht **St. Petri**, älteste der fünf Hamburger Hauptkirchen. Beachtenswert sind der Türschließer von 1342, eine Sandstein-Marienfigur (1471) und eine Kreuzigungsgruppe vom Ende des 15. Jahrhunderts (So–Fr 9–18 Uhr, Sa 9–17 Uhr). Am Rathaus vorbei, erreicht man die Ruine von

Hamburg: Bootsfahrt durch die Speicherstadt (links), St.-Pauli-Fischmarkt (rechts)

St. Nikolai mit dem 145 m hohen Turm. Die von George Gilbert Scott nach dem Großen Brand errichtete neugotische Basilika ersetzte einen Backsteinbau aus dem Mittelalter. Die Fußgängerbrücke über die Ost-West-Straße führt in die **Deichstraße**, an der einst der alte Hamburger Hafen lag. Hier stehen die ältesten Kaufmannshäuser Hamburgs aus dem 17./18. Jahrhundert. Von dieser Straße nahm 1842 der Große Brand seinen Ausgang. Von der Deichstraße kann man über die Hohe Brücke **St. Katharinen** erreichen. Die im 13. Jahrhundert erstmals erwähnte Hallenkirche wurde 1380 bis 1426 als dreischiffige Pseudobasilika umgebaut. Sehenswert sind ein Kruzifix aus dem 13. Jahrhundert, drei Spätrenaissance-Epitaphien aus dem 16./17. Jahrhundert u. a. (tägl. 9–18 Uhr). Um Hamburgs berühmteste Kirche, **St. Michaelis**, kennenzulernen, steigt man am besten am Rathaus oder Baumwall in die U-Bahnlinie 3 und fährt bis Landungsbrücken. St. Michaelis ist die jüngste Kirche der Hamburger Hauptkirchen. Die erste Kirche von 1648-1661 wurde 1750 durch Blitzschlag zerstört. Die zweite, 1751-1762 als protestantische Predigtkirche im Spätbarock errichtete Kirche, wurde als »Michel« zum Wahrzeichen Hamburgs und brannte 1906 völlig nieder. Julius Faulwasser baute St. Michaelis 1907–1912 in der früheren Gestalt wieder auf. Das Kircheninnere ist in Weiß und Gold gehalten und vermittelt ein großartiges Raumgefühl (Mitte März bis Mitte Okt. täglich 9–18 Uhr, Mitte Okt.–Mitte März tägl. 10–17 Uhr). Unmittelbar am Michel liegen die **Krameramtswohnungen**, im 17. Jahrhundert für Witwen früherer Angehöriger des Krameramts (Einzelhändler) errichtete Gebäude (Krayenkamp 10, Di–So 10–17 Uhr).

Weiterhin besuchenswert sind das **Museum für Hamburgische Geschichte** mit dem Schwerpunkt Hafen, Handel, Schiffahrt und Verkehr sowie bürgerliche Wohnkultur (Holstenwall 24, Di bis

Blick über die Vier- und Marschlande nach Niedersachsen

Sa 10–17 Uhr, So bis 18 Uhr), das **Museum für Kunst und Gewerbe** am Hauptbahnhof (Di–So 10–18 Uhr, Do bis 21 Uhr), die **Hamburger Kunsthalle** am Hauptbahnhof (Di–So 10–18 Uhr, Do bis 21 Uhr), das **Altonaer Museum/Norddeutsches Landesmuseum** mit den Schwerpunkten Stadt- und Regionalgeschichte, Volkskunde Schleswig-Holsteins, Technik-, Schiffbau- und Schiffahrtsgeschichte (Museumstraße 23, Bahnhof Altona, Di–So 10–18 Uhr), und das **Hamburgische Museum für Völkerkunde** (Rothenbaumchaussee 64, U-Bahn-Station Hallerstraße, Di–So 10–18 Uhr, Do bis 21 Uhr). Weitere Sehenswürdigkeiten sind das **Chilehaus** (Burchardplatz 1), ein 1922–1924 errichtetes, expressionistisches Kontorhaus mit Schiffbug-Giebel, sowie die **Kontorhäuser** Sprinkenhof (Burchardstraße 6–14), Montanhof (Kattrepel 2), Afrikahaus (Große Reichenstraße 27) u.a. Keinesfalls versäumen sollte man den **St.-Pauli-Fischmarkt** (sonntags 5–10 Uhr, im Winter ab 7 Uhr) sowie **Hagenbecks Tierpark** (U-Bahnlinie 2).

▶ Geesthacht

Geesthacht gehörte einst zu den Landstädten Hamburgs, ist aber heute selbständig. Alfred Nobel gründete hier die Dynamit-Aktiengesellschaft, das größte Unternehmen seiner Art auf dem Kontinent. Heute gibt es in Geesthacht ein Pumpspeicherwerk zur Stromerzeugung, das AKW Krümmel, ein Stauwehr mit zwei Schleusenkammern, ein Forschungszentrum für Reaktorsicherheit und Umwelttechnik – kurz gesagt, viel Industrie. Das alte Zentrum wurde durch Großbrände und Luftangriffe im Zweiten Weltkrieg zum größten Teil zerstört. Erhalten blieb die barocke St.-Salvatoris-Kirche von 1685, eine Backstein-Fachwerkkirche mit freistehendem hölzernen Glockenturm. Der als Schiff gestaltete Innenraum der Kirche wird von einem prachtvollen Kanzelaltar beherrscht. Im Krüger'schen Haus (Bergedorfer Straße 28), einem um das Jahr 1700 errichteten niederdeutschen Hallenhaus, ist das Heimatmuseum Geesthacht untergebracht (Mo, Mi und feiertags geschlossen).

St.-Salvatoris-Kirche in Geesthacht (links), Brücke und Lagerhäuser in der Speicherstadt, Hamburg (rechts)

Durch Marschen und Flußauen der Elbe

Bis Lauenburg, wo der Radweg die Elbe überquert, erstreckt sich noch die Niederelbe, erkennbar an den Marschen südlich des Stroms. Dann beginnt die mittlere Elbe mit ihrer unvergleichlichen Flußlandschaft. Die Deiche werden niedriger, am Horizont begleitet die dunkle Linie der bewaldeten Hänge des Urstromtals den Radwanderer. Bis Havelberg wird die Elbe nun die ganze landschaftliche Schönheit der Flußauen offenbaren. Hier findet man im Sommer noch den Weißstorch in großer Zahl, und so manches Elbdorf ist stolz, wenn Meister Adebar aus dem Süden wiederkehrt, um auf den Dächern der Bauernhäuser den Nachwuchs großzuziehen.

Um die Lebenswelt nicht nur der Störche zu bewahren, ist ein »Biosphärenreservat Elbtalauen« geplant. Die Landschaft ist still und großartig, manchmal auch regelrecht einsam. Alles steht unter dem Einfluß der Elbe. Wer erfahren will, was ein Strom eigentlich ist, der fahre diese Strecke entlang.

Dieser Abschnitt längs der mittleren Elbe ist 87 km lang. Zwischen Neu Darchau und Hitzacker sind erhebliche Steigungen (bis zu 13 Prozent) zu überwinden.

Blick über die Elbe nach Lauenburg in Schleswig-Holstein

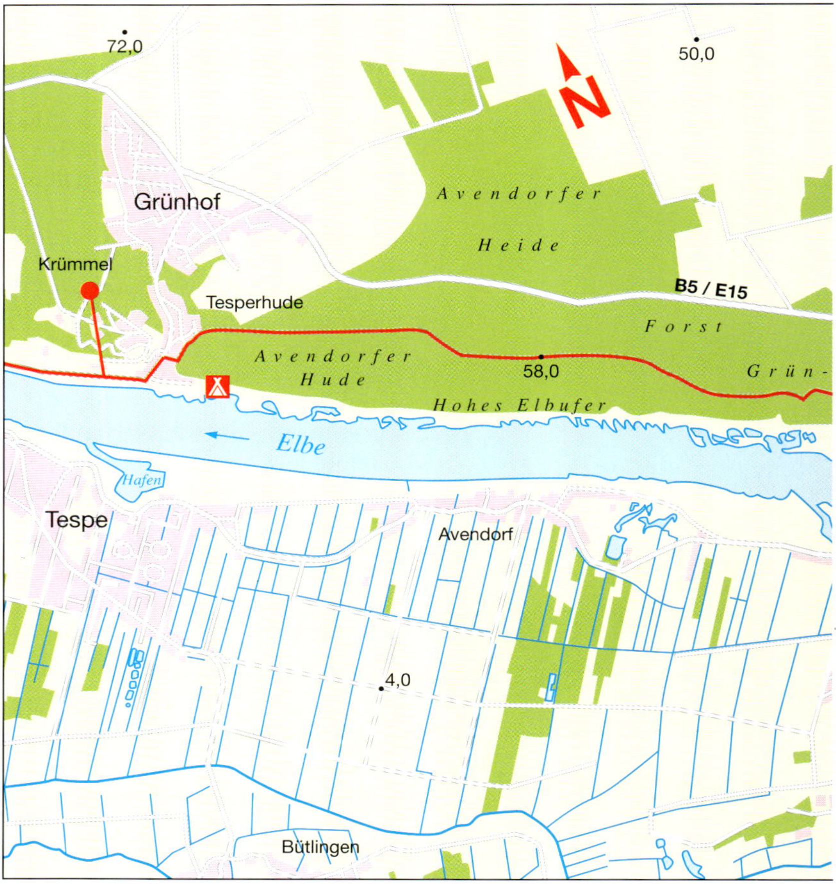

Die Strecke

Länge: 10,5 km.
Wege: Radweg, Ortsstraßen, Waldweg.
Steigungen: Kurze Steigungen bis 20 m.
Verkehr: Gering.
Markierung: Zum Teil markiert.
Gesamteindruck: Ein wirklich schöner Weg durch den Wald des Hohen Elbufers nach Lauenburg. Das Gebiet gehörte zum Limes Saxoniae Karls des Großen gegen die Slawen.

Geesthacht-Krümmel – Sandkrug ______ 6 km

Vorbei am AKW Krümmel erreichen wir Tesperhude. Bei der Gaststätte »Krümmler Eck« biegen wir links in die Tesperhuder Straße ein, dann in die erste Straße rechts. In einer Linkskurve beginnt geradeaus steil bergan der Lauenburger Weg. Vorbei am Forsthaus »Grünhof« und über die Pionierbrücke fahren wir nach Sandkrug.

Sandkrug – Lauenburg ______ 4,5 km

In Sandkrug überqueren wir die Alte Salzstraße und machen geradeaus einen kurzen Abstecher zur Ertheneburg, einer Wallfestung Heinrichs des

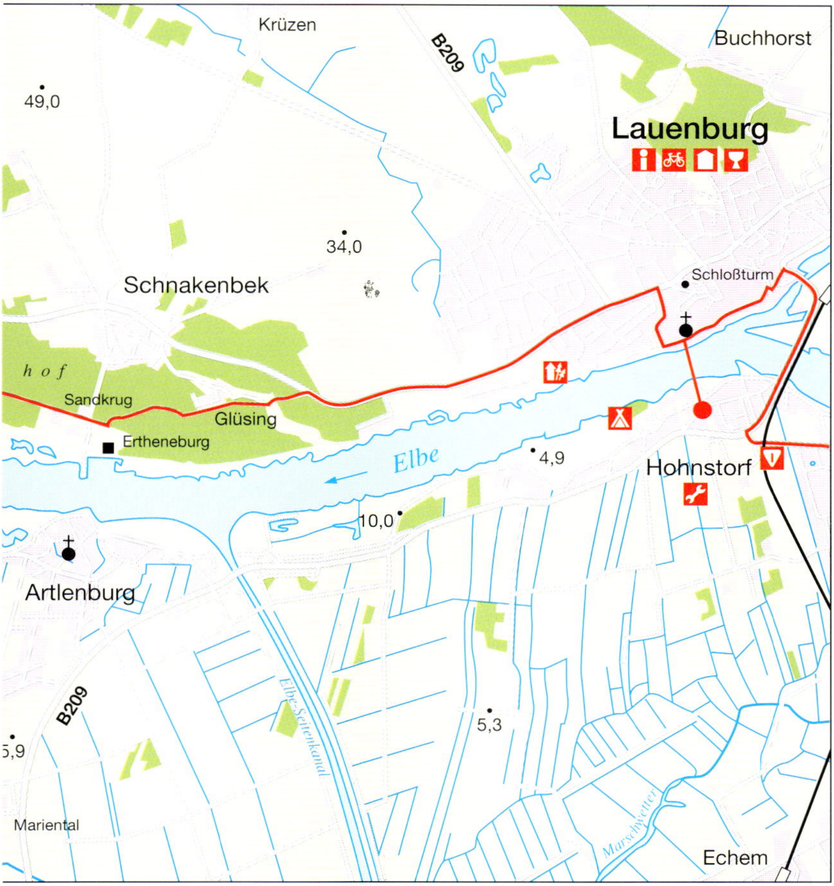

Löwen mit schöner Aussicht über die Elbe. Am anderen Elbufer liegt Artlenburg. Auch dort gab es eine Festung der Billunger, die den Fährplatz und die Zölle sicherte. Auf dieser Strecke transportierte Lüneburg das wertvolle Salz über die Elbe nach Lübeck. Wir fahren zurück, biegen rechts in die Alte Salzstraße ein und radeln in Richtung Schnakenbek. An der Kapelle geht es wieder nach rechts. Durch den Glüsinger Grund fahren wir bis zur B 5, in die wir rechts einbiegen. Etwa 1 km hinter dem Friedhof fahren wir rechts in die Grünstraße, unten geht es dann links in die Elbstraße, die schönste Straße ▶ **Lauenburgs**.

INFOS

Auskünfte
Tourist-Information Geesthacht, Stadtverwaltung, Markt 15, 21502 Geesthacht, Tel. 0 41 52/13-278

Fahrradgeschäft
G. Kirchhübel, Dorfstr. 54, 21522 Hohnstorf, Tel. 0 41 53/6 87 18

Unterkunft
Hotel-Restaurant Krümmler Eck, Elbuferstr. 72, 21502 Geesthacht, Tel. 0 41 52/ 7 41 28

JH Lauenburg, Am Sportplatz 7, 21481 Lauenburg, Tel. 0 41 53/25 98

Bahnanschluß
Lauenburg

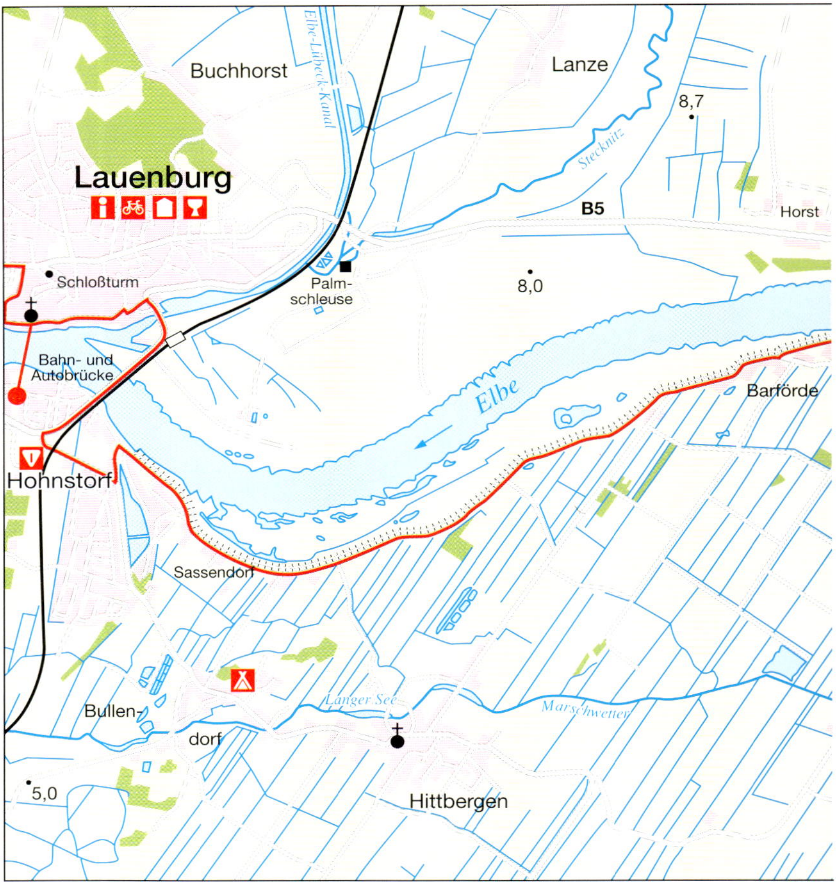

Die Strecke

Länge: 15 km.
Wege: Orts- und Landstraße.
Steigungen: Keine.
Verkehr: Starker Verkehr auf der Elbbrücke.
Markierung: Ab Hohnstorf beschilderter Radweg Hamburg – Schnackenburg.
Gesamteindruck: Ab Lauenburg beginnt die Mittelelbe, die sich durch eine unvergleichliche Atmosphäre auszeichnet: Stille, ja fast Einsamkeit, Tierparadiese, kleine Dörfer.

Lauenburg – Hohnstorf ______ 3,5 km
Von der Elbstraße mit ihren alten Fachwerkhäusern radeln wir rechts über die Kanalbrücke zum Bahnhof, dann über die Elbbrücke (B 209, Radweg rechts) nach Hohnstorf im Niedersächsischen. Am Ende der Brückenabfahrt führt die Route links in die Landesstraße.

Hohnstorf – Barförde ________ 5 km
In Hohnstorf fahren wir von der Landesstraße links in die Dorfstraße, an ihrem Ende geht es rechts am Deich entlang. Auf dem Deich zu radeln ist hier nicht möglich, doch ein Ausblick ab und zu lohnt auf alle Fälle. Noch

lange wird die Lauenburger Werft auf der Strecke nach ▶ **Bleckede** zu sehen sein. Vor Barförde wird man auf die Straße geleitet.

Barförde – Brackede ________ 6,5 km

Hinter Barförde kann man wieder auf dem Deich weiterfahren. Es folgt eine Waldstrecke. An einem Campingplatz mit einer riesigen knorrigen Eiche führt der Radweg links weiter. Am gegenüberliegenden Elbufer steht dichter Wald. In Brackede trifft man auf das erste Naturschutzgebiet der mittleren Elbe. Sogar ein Wanderweg führt durch das »Altwasser« mit einigen Bracks bis dicht an die Elbe.

INFOS

Auskünfte
Fremdenverkehrsamt Lauenburg, Schloß,
21481 Lauenburg, Tel. 0 41 53/59 09 81

Fahrradverleih
Sabine Hahn, Elbkamp 22,
21481 Lauenburg, Tel. 0 41 53/41 33

Unterkunft
Hotel Möller, Elbstr. 44-50,
21481 Lauenburg, Tel. 0 41 53/20 11

Bahnanschluß
Lauenburg

Brackede – Alt Wendischthun

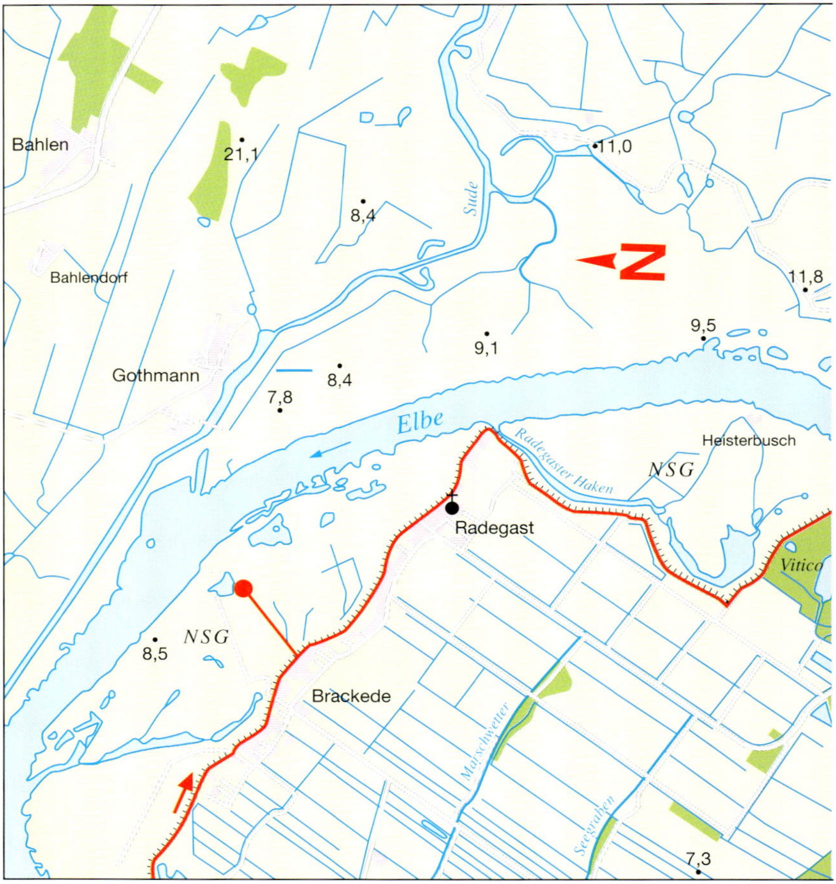

Die Strecke

Länge: 13,5 km.
Wege: Asphaltierte Wege entlang des Elbdeichs.
Steigungen: Keine.
Verkehr: Gering, mit Ausnahme von Bleckede.
Markierung: Beschilderter Radweg Hamburg – Schnackenburg.
Gesamteindruck: Diese Route steht ganz unter dem Eindruck des bezaubernden Blicks über die Elbe nach Gothmann und des interessanten Naturschutzgebiets zwischen Radegast und Bleckede.

Brackede – Radegast 2 km
Von Brackede radelt man auf dem Deichweg nach Radegast. Das breite Deichvorland verengt sich in Radegast. Im Südosten grenzt der Deich unmittelbar an die Elbe, ideal für eine Rast mit Elbblick. Gegenüber liegt das Dorf Gothmann am Rand der Sude-Niederung; die hell schimmernden Hügel sind Binnendünen an der Sude, höchste Erhebung ist der Bollenberg.

Radegast – Bleckede 7,5 km
Hinter Radegast beginnt das Naturschutzgebiet »Deichvorland bei Bleckede mit Vitico«. Es umfaßt im Außendeich Altwässer der Elbe, Kolke

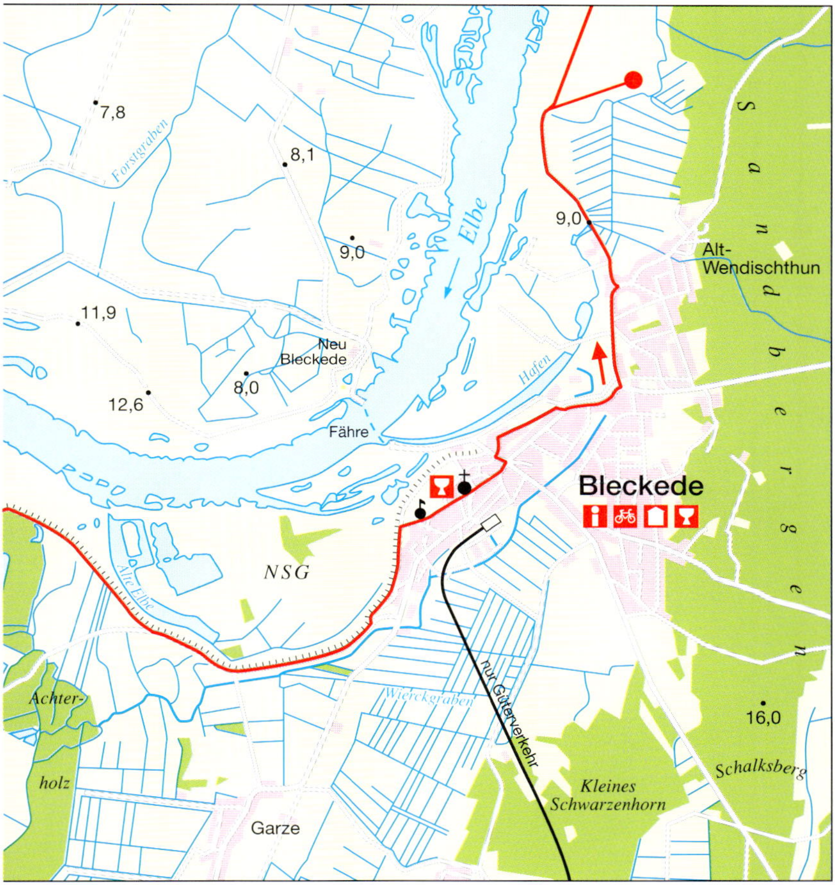

und Tümpel mit Verlandungszonen und Röhricht sowie binnendeichs den Staatswald Vitico. Am Ortsschild Bleckede biegen wir in den Marschweg links ein. Nach kurzer Strecke fahren wir rechts in die Schloßstraße.

Bleckede – Alt Wendischthun __4 km
Ortsdurchfahrt: Schloßstraße, Kirche, Königsplatz, links in die Straße »Am Hafen«, weiter am Elbdeich. An einem Gleis entlang radeln wir bis zur Landstraße und fahren links nach Alt Wendischthun. In der Kurve der Elbuferstraße führt der Radweg Hamburg – Schnackenburg geradeaus weiter (bei Hochwasser die Straße benutzen).

INFOS

Auskünfte
Verkehrsverein Bleckede, Rathaus, 21354 Bleckede, Tel. 0 58 52/3 99 22

Fahrradverleih
W. Weber, Breite Str. 6, 21354 Bleckede, Tel. 0 58 52/12 72

Unterkunft
Landhaus an der Elbe, Elbstr. 5, 21354 Bleckede, Tel. 0 58 52/12 30

Restaurant
Restaurant am Schloßpark, Schützenweg, 21354 Bleckede, Tel. 0 58 52/5 00

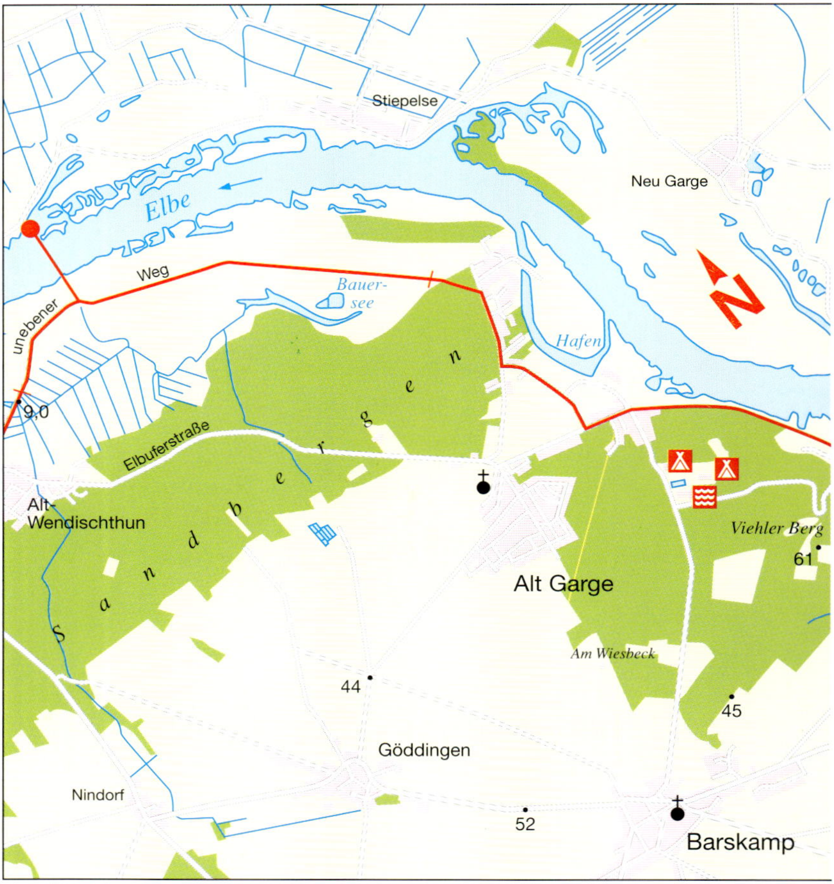

Die Strecke

Länge: 11,5 km.
Wege: Ortsstraßen, Feldwege, Elbuferstraße.
Steigungen: Kurze Steigung bei Alt Garge.
Verkehr: Auf der Landstraße kann reger Verkehr herrschen.
Markierung: Beschilderter Radweg Hamburg – Schnackenburg.
Gesamteindruck: Die Strecke führt zunächst durch Weideland und Wald. Bei Alt Garge schimmert der Strom wieder unverhofft durch die Bäume. Der Walmsburger Werder entschädigt für die anfangs etwas triste Route.

Alt Wendischthun – Alt Garge ___ 4 km
Auf einem recht holprigen Feldweg radelt man durch offenes Weideland. Einige Baumveteranen am Wegesrand und wenige Gehölzstreifen lockern die brettebene Landschaft auf. Von der Elbe ist hier nichts zu sehen, doch der Strom fließt nur wenige hundert Meter linker Hand hinter einem Waldstreifen. Bei Hochwasser ist das Grünland regelmäßig überschwemmt und daher zu meiden. Hinter einem Wald beginnt Alt Garge, ein beschauliches Elbdorf. Am Beginn der Siedlung sollte man rechts weiterfahren, nach 500 m links abbiegen bis zur Elbuferstraße und dort links weiterfahren.

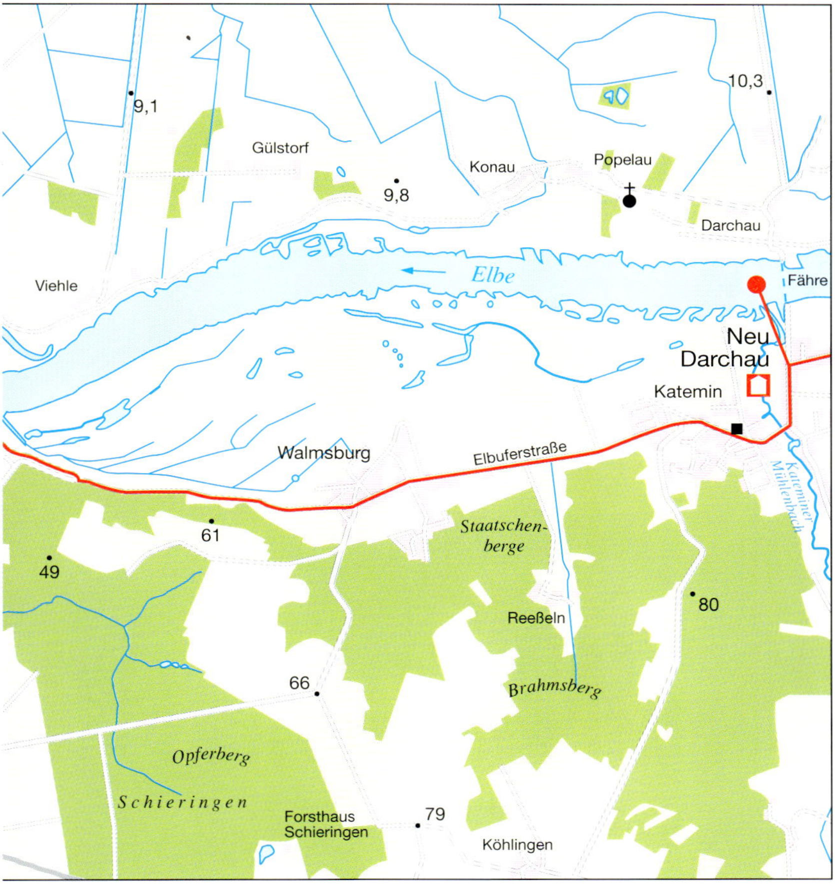

Alt Garge – Neu Darchau ______ 7,5 km
Die Elbuferstraße führt nach 300 m rechts weiter. Wir halten uns auf der Pflasterstraße geradeaus, passieren die Schranke und fahren am Fährkrug vorbei leicht bergan. Die wenig befahrene Straße verläuft zwischen einem Hangwald und dem Steilufer der Elbe. Wo der Radweg auf die Elbuferstraße trifft, beginnt links der Walmsburger Werder – ein großartiger Anblick. Auf der Elbuferstraße (mit Radweg) fahren wir durch Walmsburg, das alte Ufer des Urstromtals der Elbe erstreckt sich 300 m weiter rechts. Unmittelbar hinter Katemin erreichen wir dann Neu Darchau an der Elbe.

INFOS

Auskünfte
Kurverwaltung Hitzacker, Weinbergsweg 2, 29456 Hitzacker, Tel. 0 58 62/80 22

Fahrradverleih
W. Weber, Breite Str. 6, 21354 Bleckede, Tel. 0 58 52/12 72

Unterkunft
Gasthaus Stadt Hamburg, An der Elbe 2, 29490 Neu Darchau, Tel. 0 58 58/2 43

Restaurant
Restaurant am Schloßpark, Schützenweg, 21354 Bleckede, Tel. 0 58 52/5 00

Die Strecke

Länge: 11,5 km.
Wege: Elbuferstraße.
Steigungen: Sehr starke und lange Steigungen (bis zu 13 Prozent).
Verkehr: Oft reger Verkehr auf der Elbuferstraße.
Markierung: Beschilderter Radweg Hamburg – Schnackenburg.
Gesamteindruck: Eine herausfordernde Strecke durch die Klötzie, ein Endmoränengebiet der vorletzten Eiszeit. Die Strapazen werden aufgewogen durch die schöne Aussicht über die Elblandschaft.

Neu Darchau – Drethem ________ 6 km
In Neu Darchau biegen wir von der Hauptstraße bei der Volksbank rechts in die Elbuferstraße, die leicht bergan über Klein Kühren und Schutschur nach Glienitz führt. Unterwegs liegen mehrere Restaurants an der Straße. Von Glienitz geht es weiter nach Drethem. Vor der Kiche zweigt die Straße rechts ab, kurz darauf geht es links weiter.

Drethem – Tießau (Forsthaus) ________ 5,5 km
Hinter Drethem beginnen die großen Gefällstrecken und Steigungen. Doch bevor es so richtig losgeht, empfiehlt es

sich, am Kniepenberg auf den Aussichtsturm zu steigen. Aus 112 m Höhe hat man einen großartigen Ausblick über das Urstromtal der Elbe: Im Norden erkennt man Neuhaus, das samt dem Umland nach der Wende wieder zu Niedersachsen kam, nach Südosten schließt sich die bewaldete Hügelkette des gegenüberliegenden Ufers des Urstromtals der Elbe an. Die beiden Uferlinien sind hier nur 4 km voneinander entfernt. Unmittelbar hinter dem Kniepenberg geht es mit 13 Prozent Gefälle bergab. Starke Steigungen und Gefällstrecken wechseln einander ab. Kurz vor Tießau beginnt links der Straße ein Radweg, im Ort geradeaus halten.

INFOS

Auskünfte
Kurverwaltung Hitzacker, Weinbergsweg 2, 29456 Hitzacker, Tel. 0 58 62/80 22

Fahrradverleih
Schulz, Lüneburger Str. 2, 29456 Hitzacker, Tel. 0 58 62/16 02

Unterkunft
Jugendherberge Hitzacker, Wolfsschlucht 2, 29456 Hitzacker, Tel. 0 58 62/2 44

Bahnanschluß
Hitzacker

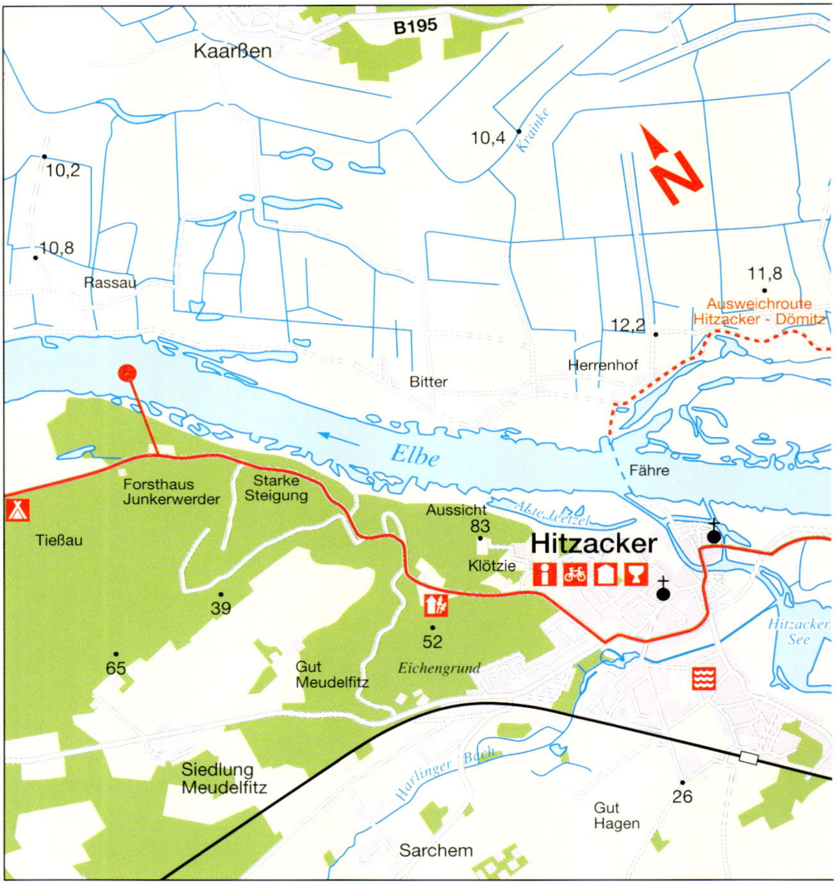

Die Strecke

Länge: 12 km.
Wege: Elbuferstraße, asphaltierter Deichweg.
Steigungen: Sehr starke, lange Steigungen (bis zu 13 Prozent Gefälle).
Verkehr: Gering.
Markierung: Beschilderter Radweg Hamburg – Schnackenburg.
Gesamteindruck: Eine ausgesprochen schöne und ruhige, fast einsame Strecke längs der Elbe. Man sollte auf dieser Route Unterkunft und Beköstigung umsichtig planen.

Tießau – Hitzacker ____________ 4,5 km
Geradeaus radeln wir durch Tießau. Etwa 2 km hinter dem Ort verläuft der Radweg Hamburg – Schnackenburg rechts in den Wald, um die Bergkuppe zu umgehen. Ob der Umweg lohnt, ist Ansichtssache: Man fährt ohnehin auf der Elbuferstraße (hier: An der Wolfsschlucht und Lüneburger Straße) nach ▶ **Hitzacker**. Wir biegen links in die Drawehnertorstraße ein. Jenseits der Jeetzel beginnt die Altstadt.

Hitzacker – Wussegel ____________ 3 km
Am Rathaus vorbei kommen wir zum Markt (halb rechts halten) und biegen rechts in die Marschtorstraße ein. An

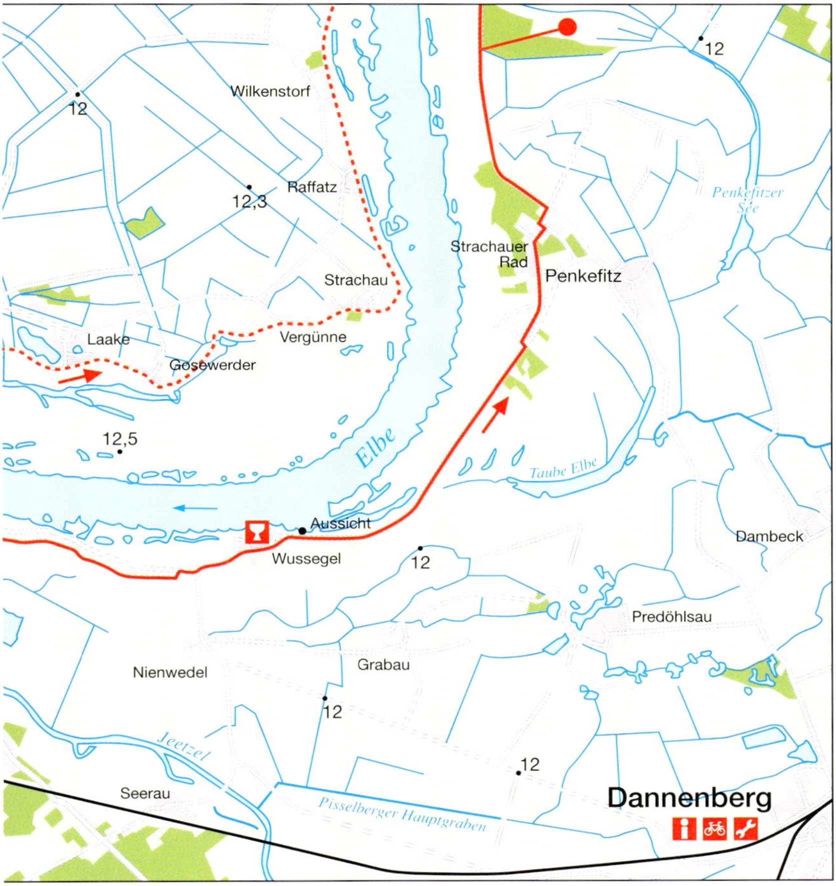

der T-Kreuzung zweigt links die Straße nach Wussegel ab (mit Radweg). Bei Wussegel verläuft die Straße nah an der Elbe. Das Restaurant »Elbterrasse« empfiehlt sich zu einer Rast.

Wussegel – Penkefitz ________ 4,5 km
Hinter Wussegel hat man vom Deich einen der schönsten Ausblicke dieser Strecke: Ein Elbarm mit alten Weiden, Eichen, Grünland und rastenden Vögeln. Auf dem Deich (Radweg) geht es weiter in Richtung Penkefitz. Kurz vor dem Dorf schwenkt der Deich links ab, man muß die wenigen Häuser auf der Straße umfahren. Man halte sich links, um wieder die Elbe zu erreichen.

INFOS

Auskünfte
Kurverwaltung Hitzacker, Weinbergsweg 2, 29456 Hitzacker, Tel. 0 58 62/80 22

Fahrradverleih
Schulz, Lüneburger Str. 2, 29456 Hitzacker, Tel. 0 58 62/16 02

Fahrradverleih und -werkstatt
Schröder, Marschtorstr. 25/26, 29451 Dannenberg. Tel. 0 58 61/ 84 39

Unterkunft, Restaurant
Zur Linde, Drawehnertorstr. 22–24, 29456 Hitzacker, Tel. 0 58 62/ 3 47

Bahnanschluß
Hitzacker

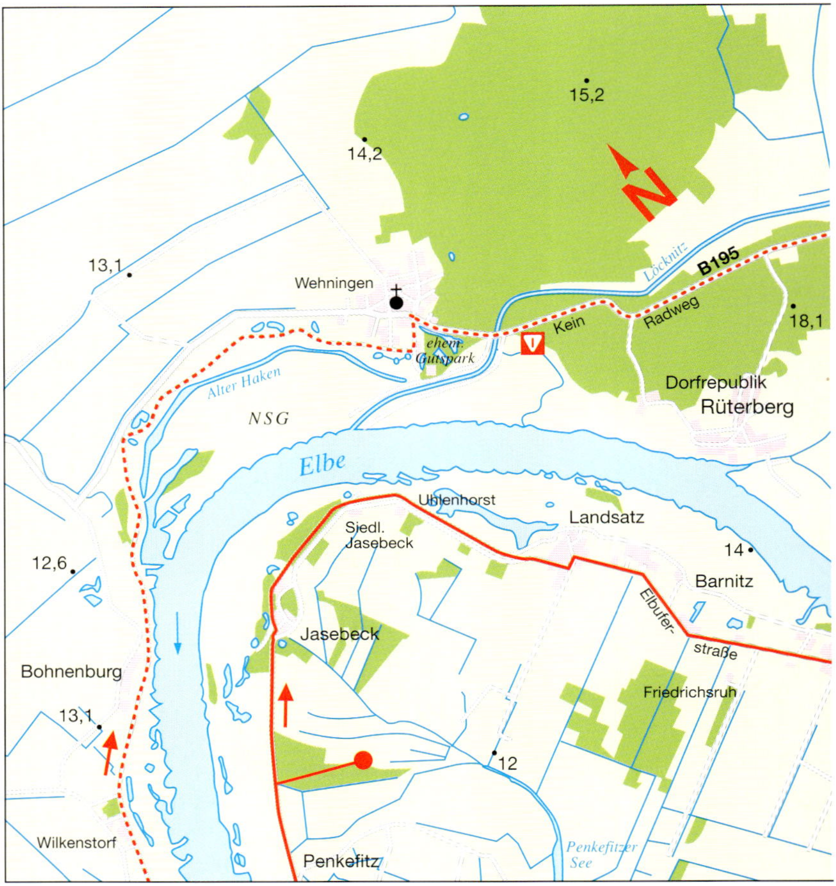

Die Strecke

Länge: 13 km.
Wege: Feste Deichwege, Landstraße.
Steigungen: Gering.
Verkehr: Wenig Verkehr.
Markierung: Beschilderter Radweg Hamburg – Schnackenburg.
Gesamteindruck: Auch diese Route längs der Elbe verläuft durch eine stille, fast einsame Gegend. Man plane umsichtig Unterkunft und Verpflegung.

Penkefitz – Damnatz ____________ 6 km
Hinter Penkefitz sieht man nicht mehr viel von der Elbe, man fährt binnendeichs weiter. Gleichwohl lohnt der Blick vom Deich auf die Elbweiler am anderen Ufer. In der weiten Elbschleife liegt Jasebeck vor uns. Kurz vor Landsatz wird man auf die Elbuferstraße umgeleitet. Das nächste Dorf ist Damnatz. An der weißverputzten Fachwerkkirche von 1617 kann man wieder links zum Deich fahren. Das wendländische Dorf ist für eine Rast bestens geeignet – wir empfehlen die Bank beim Pegel Damnatz mit Blick auf ▶ **Dorfrepublik Rüterberg** auf dem Elbhang gegenüber.

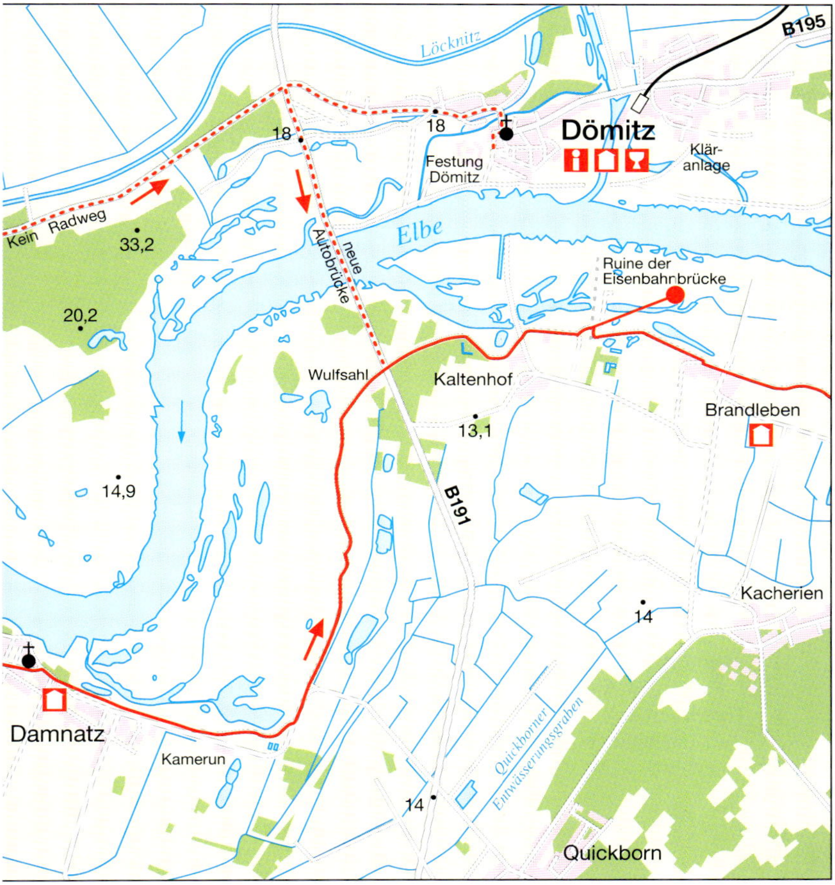

Damnatz – Bahnbrücke Dömitz _7 km
Von der Kirche geht es auf der deichnahen Kirchstraße in Richtung Dömitz weiter. Rechts des Weges liegt der Gasthof »Steinhagen«. An dieser Straße sieht man alte wendländische Bauernhäuser mit liebevoll gemalten Haussprüchen. Schon von weitem ist die neue Autobrücke (mit Radweg) bei Dömitz zu sehen.
Sofern ein Abstecher nach ▶ **Dömitz** nicht in Frage kommt, fahren wir unter der Brücke hindurch. Mit Blick auf die Ruine der Eisenbahnbrücke geht es weiter. Der Radweg führt durch das Portal des festungsartigen Backsteinbauwerks.

INFOS

Auskünfte
Dömitz-Information, Torstraße 2, 19303 Dömitz, Tel. 03 87 58/20 43
Gäste-Information, Rathaus, 29451 Dannenberg, Tel. 0 58 61/80 81 90

Fahrradverleih und -werkstatt
Fahrraddiele Schröder, Marschtorstr. 25/26, 29451 Dannenberg, Tel. 0 58 61/84 39

Unterkunft und Restaurant
Hotel-Restaurant Steinhagen, Am Elbdeich 6, 29472 Damnatz, Tel. 0 58 65/5 54

Bahnanschluß
Dannenberg

Lauenburg

Um 1180 errichtete Bernhard I. von Sachsen die Lauenburg. Der historische Name ist Lavenburg – von Labe, wie die Elbe bei den Slawen heißt. Die Festung galt aufgrund der tiefen Rinnen zu beiden Seiten des Bergsporns am Elbhang als uneinnehmbar. Im Schutz eines Bergfrieds entstand die Stadt Lauenburg als Siedlung von Schiffern und Handwerkern. Herzog Friedrich II. (1581–1618) baute die Festung zu einem frühbarocken Schloß aus, legte einen Schloßgarten an und errichtete die Schloßkirche. Ein Großbrand machte der uneinnehmbaren Festung im Jahre 1616 ein unrühmliches Ende, erhalten sind nur ein Flügel und der alte Bergfried.

Vom Schloßberg, dem südlichsten Punkt Schleswig-Holsteins, hat man eine herrliche Aussicht weit ins Niedersächsische hinein. Über den Hohlen Weg erreicht man die Altstadt. Im Hohlen Weg 3 ist das Findorff-Museum untergebracht, das u.a. an Jürgen Christian Findorff erinnert, königlicher Moorkommissar bei Worpswede. Am Ende des Hohlen Wegs liegt die Maria-Magdalenen-Kirche. Die Sarkophag-Figuren von Herzog Franz und seiner Frau Marie im Chor zeigen, daß das Gotteshaus in erster Linie Residenzkirche war, nicht nur Schifferkirche. In der Elbstraße stehen sehenswerte Fachwerkhäuser, u.a. das älteste Haus Lauenburgs mit schönen gelben Halbrosetten gegenüber der Kirche (die Jahreszahl müßte »1573« lauten), das alte Rathaus (Elbstraße 59) mit dem Elbschiffahrtsmuseum (im Sommer täglich geöffnet), Haus Elbstraße 65/67 mit Fratzen an den beschnitzten Knaggen, die alte Ratsapotheke von 1694 in Haus 64 und das kleinste Haus Lauenburgs in der Elbstraße 97, das nur 3,05 m breit ist.

Elbstraße in Lauenburg (links), der »Rufer«, Skulptur in Lauenburg (rechts oben), Innenhof Schloß Bleckede (rechts unten)

Bleckede

Bleckede war schon zur Zeit Heinrichs des Löwen eine Festung zum Schutz

vor den Slawen. Der Sohn des Löwen stattete Bleckede mit den Rechten Bardowicks aus, das Heinrich der Löwe zwei Jahrzehnte zuvor zerstört hatte. Obwohl Bleckede keinen rechten Aufschwung nahm, blieb die großangelegte Festungsstadt aufgrund des Elbzolls sehr begehrt. Die Herrschaften wechselten in rascher Folge, vom späten 14. Jahrhundert bis 1600 gehörte Bleckede als Pfand der Stadt Lüneburg.
Sehenswert sind der mächtige Rundturm von 1500, vom benachbarten Schloß der schöne Fachwerkflügel (1600) und der steinerne Westflügel (1743). Umgeben ist die Anlage, heute Kreisheimvolkshochschule, von alten Wallanlagen und einem Park. Im Heimathaus (montags geschlossen) kann man sich gut über die Geschichte Bleckedes informieren. Besuchenswert sind die evangelische St.-Jacobi-Kirche mit schöner Renaissance-Kanzel und die katholische Kirche Maria Königin mit modernen Holzschnitzereien von Otto Flath.

Hitzacker

Hitzacker ist eine Stadt der Kultur: Im Februar lockt das Elbstädtchen mit der Musikwoche Besucher an, Ende Juli, Anfang August folgen die Sommerlichen Musiktage. Nicht wenig stolz ist man in Hitzacker auf den nördlichsten Weinberg Deutschlands, auf dem »ein ziemlicher Wein wächst«, wie bereits Matthaeus Merian berichtete. Herzog August der Jüngere von Braunschweig-Lüneburg begann 1614 auf seinem Schloß in Hitzacker das Büchersammeln. 1645 kamen die wertvollen Exemplare nach Wolfenbüttel – als Grundstock der berühmten Herzog-August-Bibliothek.
Am Rathaus am Markt prangen die Wappen von Herzog August dem Jüngeren von Braunschweig-Lüneburg und seiner beiden Ehefrauen. Das Eckhaus am Markt rechter Hand ist das Kavaliershaus, Rest der Schloßanlage, die im Dreißigjährigen Krieg zer-

Elbufer-Drawehn: Landschaft mit Schloß Bleckede (links), Fachwerkhäuser und Kirche in Hitzacker (rechts)

stört wurde. Die St.-Johannis-Kirche wurde 1678 nach einem Brand neu errichtet. Gegenüber steht das Geburtshaus des mit 28 Jahren verstorbenen Gelehrten Bernhard Varenius (1622 bis 1650), dessen Werk »Geographia Generalis« grundlegend für die Geographie als Wissenschaft wurde. Im Alten Zollhaus von 1589, dem ältesten Gebäude Hitzackers, findet man das Heimatmuseum (im Sommer Fr–So 15–17 Uhr geöffnet), wo man vieles über die Schiffahrt auf der Jeetzel erfährt. Bekanntestes Exponat ist das germanische Fürstengrab von Marwedel. In der Hauptstraße und der Elbstraße findet man recht gut erhaltene Fachwerkbauten aus dem 17. bis 19. Jahrhundert.

Dömitz (Abstecher)
Dömitz verdankt seine Bekanntheit der Elbbrücke, der Festung und Fritz Reuter, Mecklenburgs bekanntestem Schriftsteller. Jahrzehntelang waren die Stümpfe der zerstörten Straßen- und der Eisenbahnbrücke Mahnmal der Teilung Deutschlands. Bereits im Dezember 1992 wurde als eines der ersten großen Verkehrsprojekte nach der Vereinigung die neue Straßenbrücke fertiggestellt – fast eine Kopie der einbogigen Brückenkonstruktion von 1936. Die Eisenbahnbrücke hingegen blieb Ruine. 1554–1565 errichtete der Italiener Francesco a Bornau eine fünfstrahlige Festung, heute eine der bedeutendsten Niederungsfestungen Norddeutschlands. Im 19. Jahrhundert diente sie als Haft- und Irrenanstalt, deren berühmtester Insasse Fritz Reuter (1810–1874) war, der 1839/40 hier einsaß. Fast alles ist erhalten: Das Tor von 1565 im Stil der niederländischen Spätrenaissance, der Festungsturm mit der ehemaligen Kapelle (heute Fritz-Reuter-Gedenkhalle), das ehemalige Kommandantenhaus, in dem das sehenswerte Museum Festung Dömitz untergebracht ist (montags geschlossen). Es informiert u.a. über die Grenz-

Brack bei Laake (links oben), Wachtturm der Dorfrepublik Rüterberg (links unten), kleine Fachwerkkirche in Damnatz (rechts)

anlagen zur DDR-Zeit und über die Griese-Gegend nördlich von Dömitz. Von den fünf Bastionen aus bietet sich ein reizvoller Ausblick auf die Elbniederung mit den Dömitzer Brücken. Sehenswert sind ferner das spätbarocke Fachwerk-Rathaus von 1820 mit dem neugotischen Türmchen und schöne Fachwerkhäuser in der Torstraße, der Elbstraße und am Markt. Bei einem Rundgang stellt man schnell fest, daß auch die Stadt einen fünfeckigen Grundriß hat – wie die Festung. Die Hauptstraßen sind von der Festung aus einsehbar und konnten beschossen werden. Bei Dömitz mündet die Elde, der Hauptfluß Mecklenburgs, in die Elbe. Der Unterlauf des Flusses wurde zur Elde-Müritz-Wasserstraße, die über ein Wasserstraßensystem mit der Mecklenburgischen Seenplatte und dem Schweriner See verbunden ist.

▶ Dorfrepublik Rüterberg (Abstecher)

Rüterberg erreicht man von Dömitz aus auf der B 195 in Richtung Neuhaus. Das Schicksal dieses Dorfes an der innerdeutschen Grenze erregte nach der Wende großes Aufsehen: Im Jahre 1967 riegelten DDR-Grenztruppen den weiten Elbbogen ab und zogen einen doppelten Metallgitterzaun rund um das Dorf – mit einem einzigen Zugang, dem »eisernen Tor« an der Landstraße. Dort mußten die Bewohner einem Posten »Dokumente und Passierschein zur Einreise« vorzeigen. Rund 22 Jahre lang lebten die Rüterberger wie in einem Gefängnis, ständig beobachtet von dem Posten auf dem Wachtturm mitten im Dorf. Die 150 Einwohner, die ausharrten, ließen sich 1989 etwas Besonderes einfallen: Sie erklärten sich zur Dorfrepublik. Seither ist der graue Wachtturm über der Elbe Museum. Auch Teile des Metallgitterzauns wurden samt Einfahrt zu einem musealen Objekt aufgebaut. Die Aussicht vom hohen Elbufer hinüber nach Damnatz ist großartig.

Mauern der Festung Dömitz, die als bedeutendste Niederungsfestung Deutschlands gilt

Durch das Endmoränengebiet Höhbeck und die Wiesen der Wische

Hinter Dömitz wird die Route sehr abwechslungsreich. Wie ein Riegel liegt der bewaldete Höhbeck an der Elbe, ein Endmoränengebiet der vorletzten Eiszeit, dessen Steilhänge seit Jahrtausenden von den Elbfluten abgearbeitet wurden. Nach dem Elbübergang bei Schnackenburg folgt eine sehr eigenartige Landschaft – die Wische.

Tief und eben wie ein Brett liegt das Wiesenland da, fruchtbar – und seit Menschengedenken bedroht vom Hochwasser der Elbe. Hier sind die Deichauffahrten die einzigen erkennbaren Steigungen. Die Elbe offenbart hier ihre schönsten und ursprünglichsten Strecken. Naturschützer bitten, den Elbbogen südlich von Cumlosen – wie in der Routenbeschreibung angegeben – zu umfahren, der Zugvögel wegen, die hier rasten. Obwohl Schilder und Schranken die Deiche aus Versicherungsgründen sperren, können die Wege von Radfahrern und Wanderern auf eigene Gefahr genutzt werden.

Der beschriebene Abschnitt des Elbe-Radwanderwegs ist 52 km lang. Es ist ratsam, bei Schnackenburg mit der Autofähre über die Elbe zu setzen, denn der Weg über die »grüne Grenze« nach Sachsen-Anhalt ist immer noch ein abenteuerliches Unterfangen.

Altarm der Elbe bei Wittenberge – Teil einer beeindruckenden Naturlandschaft in Brandenburg

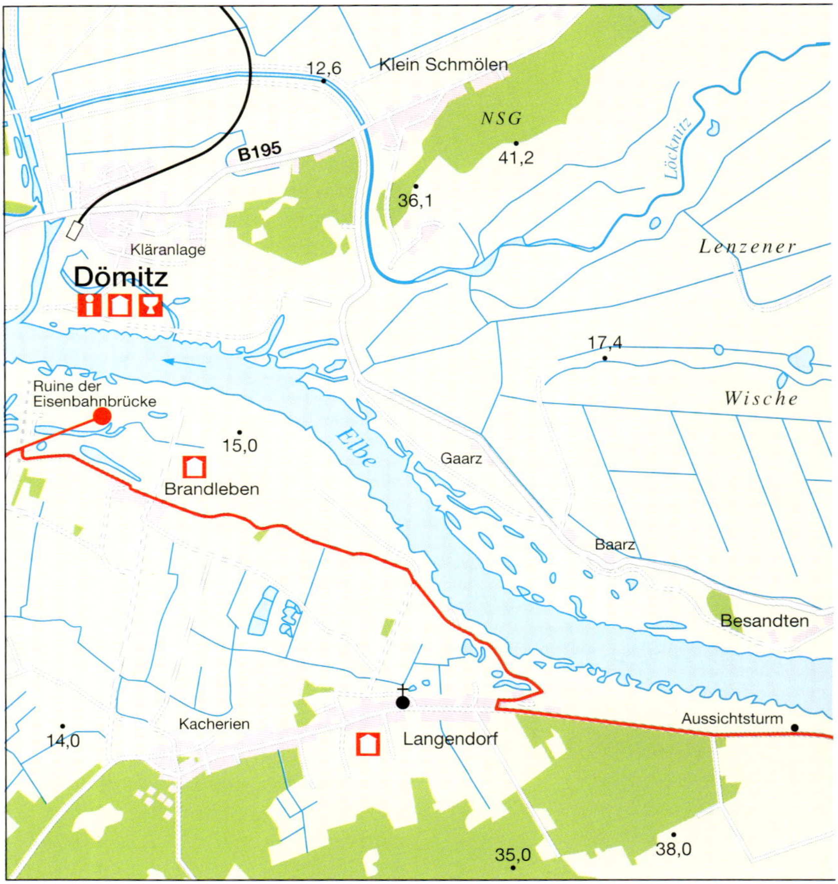

Die Strecke

Länge: 11 km.
Wege: Elbnahe, feste Deichwege und Landstraße, streckenweise mit Radwegen.
Steigungen: Gering.
Verkehr: Mäßig.
Markierung: Beschilderter Radweg Hamburg – Schnackenburg.
Gesamteindruck: Ruhige, stille Landschaft der mittleren Elbe mit Flußauen und Altarmen der Elbe. Man sollte Unterkunft und Verpflegung im voraus umsichtig planen.

Bahnbrücke Dömitz – Aussichtsturm Langendorf __________ 6 km
In der Höhe der Eisenbahnbrücke lohnt ein Blick hinüber nach Dömitz im Mecklenburgischen. Die Kirche ist deutlich erkennbar, der kleinere Turm gehört zum Rathaus. Die gewaltige Niederungsfestung dagegen ist kaum zu erkennen. Unmittelbar hinter der Ruine der Eisenbahnbrücke liegt der Elbweiler Brandleben. Der Deichweg nähert sich im folgenden Verlauf wieder der Elbe. Knapp 3 km hinter Brandleben führt die Route rechts zur Landstraße, in die wir links einbiegen. Rund 2 km hinter Langendorf steht linker Hand unmittelbar am Steilhang der

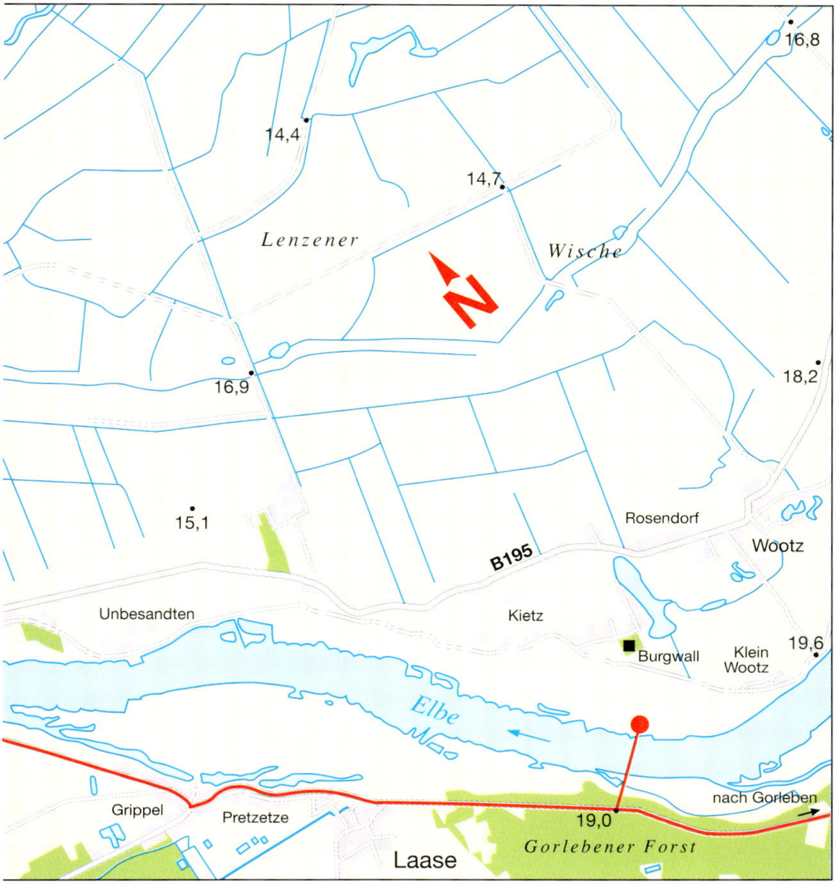

Elbe ein hölzerner Aussichtsturm: Der Blick über die Elbe ist großartig, gegenüber liegen die Dörfer Besandten und Unbesandten in der brettebenen Lenzener Wische.

Aussichtsturm Langendorf – Gorlebener Forst ______________ 5 km
Hinter dem Aussichtsturm geht es weiter auf der Landstraße. Rechts erstreckt sich dunkel ein Waldstreifen. Grippel und Pretzetze heißen die nächsten Dörfer. Streckenweise radelt man auf Radwegen, für kurze Strecken geht es durch den Wald. Bei Laase, kurz vor Gorleben, ist links der Höhbeck mit den Funktürmen zu sehen.

INFOS

Auskünfte
Kurverwaltung Gartow, Nienwalder Weg 1, 29471 Gartow, Tel. 0 58 46/3 33

Fahrradverleih
Detlef Duske, Hahnenberger Str. 35, 29471 Gartow, Tel. 0 58 46/21 96

Unterkunft
Christa Hennings, Deichstr. 14, 29484 Langendorf, Ortsteil Brandleben, Tel. 0 58 65/2 61

Bahnanschluß
Dannenberg

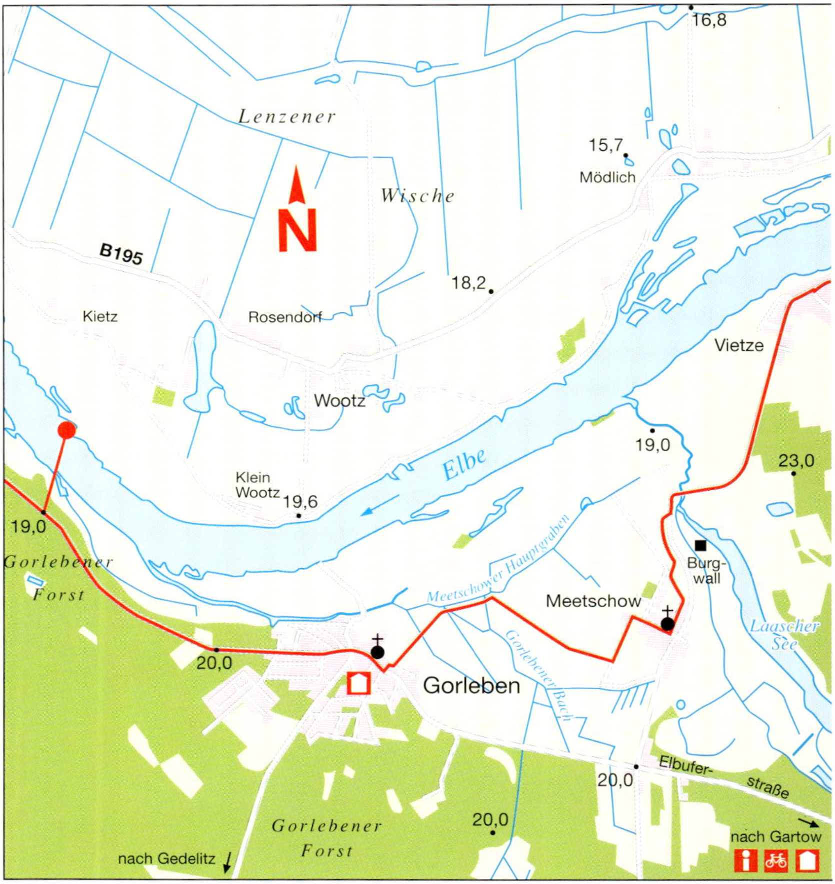

Die Strecke

Länge: 15 km.
Wege: Radwege, holpriger, sandiger Waldweg auf dem Höhbeck, Landstraße, Deichweg.
Steigungen: Mäßige Steigung, starke Gefällestrecke auf dem Höhbeck.
Verkehr: Gering.
Markierung: Beschilderter Radweg Hamburg – Schnackenburg. In Pevestorf andere Wegführung.
Gesamteindruck: Wie eine eiszeitliche Insel ragt der Höhbeck aus der Flußauenlandschaft hervor. Man sollte Unterkunft und Beköstigung im voraus umsichtig planen.

Gorlebener Forst – Vietze ______ 8 km
Von Laase radelt man auf der Elbuferstraße (Radweg) nach ▶ **Gorleben**. Am Gasthof »Kaminschenke« vorbei fährt man in den Ort. An der Kirche führt der Radweg links in Richtung Meetschow weiter (geradeaus geht es nach ▶ **Gartow**). Nach einer Rechts-Links-Kurve fährt man durch die Seege-Niederung in Richtung Meetschow. Vor dem Dorf links halten, im Ort geht es ebenfalls links weiter – rechts erstreckt sich der Laascher See, der aus einem Elbarm entstanden ist. Die Landstraße überquert die Seege und führt in einer großen Rechtskurve an einem Wald vorbei nach Vietze am ▶ **Höhbeck**.

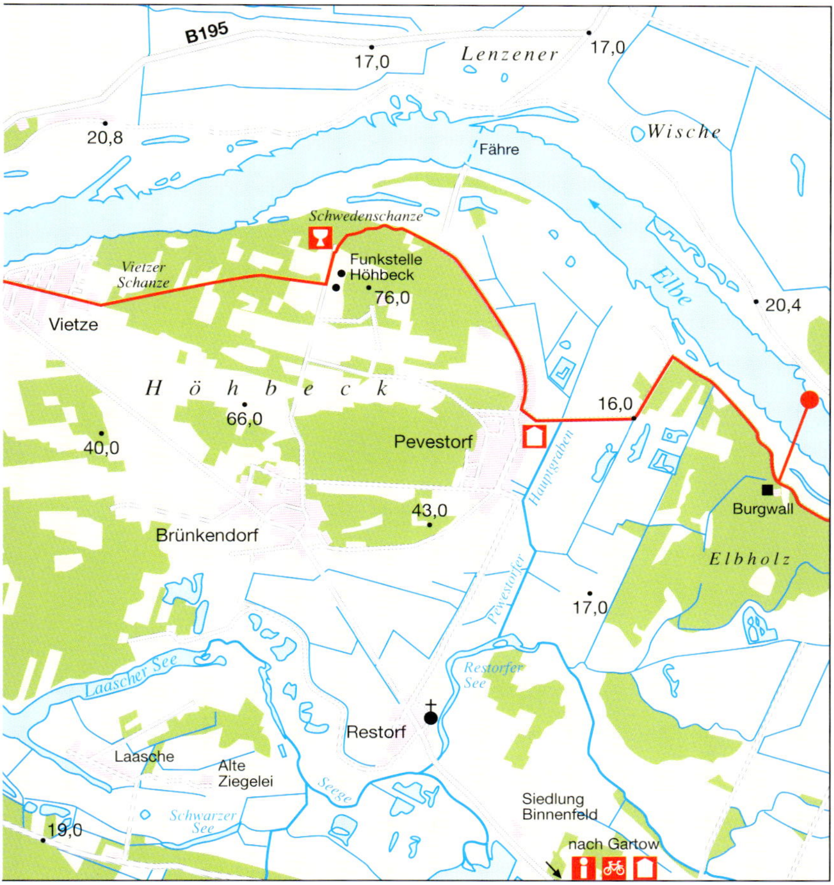

Vietze – Elbholz bei Pevestorf ___ 7 km
In Vietze meide man die Elbuferstraße und fahre die Bergstraße bis an ihr Ende. Dort beginnt halb links ein holpriger Waldweg, der bergan zu den rotweißen Funkmasten führt. Dort fährt man links weiter zum Cafégarten »Schwedenschanze«. Am Parkplatz verläuft ein Fußweg (Splitt, mit Fugen) recht steil bergab. In der Niederung führt links die Straße zur Fähre nach Lenzen. Wir radeln auf der Asphaltstraße geradeaus nach Pevestorf. Am Landgasthof zum Lindenkrug trennt sich der Elbe-Radweg vom Weg Hamburg – Schnackenburg und verläuft links zum Elbdeich.

INFOS

Auskünfte
Kurverwaltung Gartow, Nienwalder Weg 1, 29471 Gartow, Tel. 0 58 46/3 33

Fahrradverleih und -werkstatt
Juwel-Feriendorf, Dorf 13/3, 29471 Gartow, Tel. 0 58 46/18 65

Fahrradverleih
Detlef Duske, Hahnenberger Str. 35, 29471 Gartow, Tel. 0 58 46/21 96

Unterkunft und Restaurant
Landgasthof Zum Lindenkrug, 29478 Höhbeck, Ortsteil Pevestorf, Tel. 0 58 46/15 05

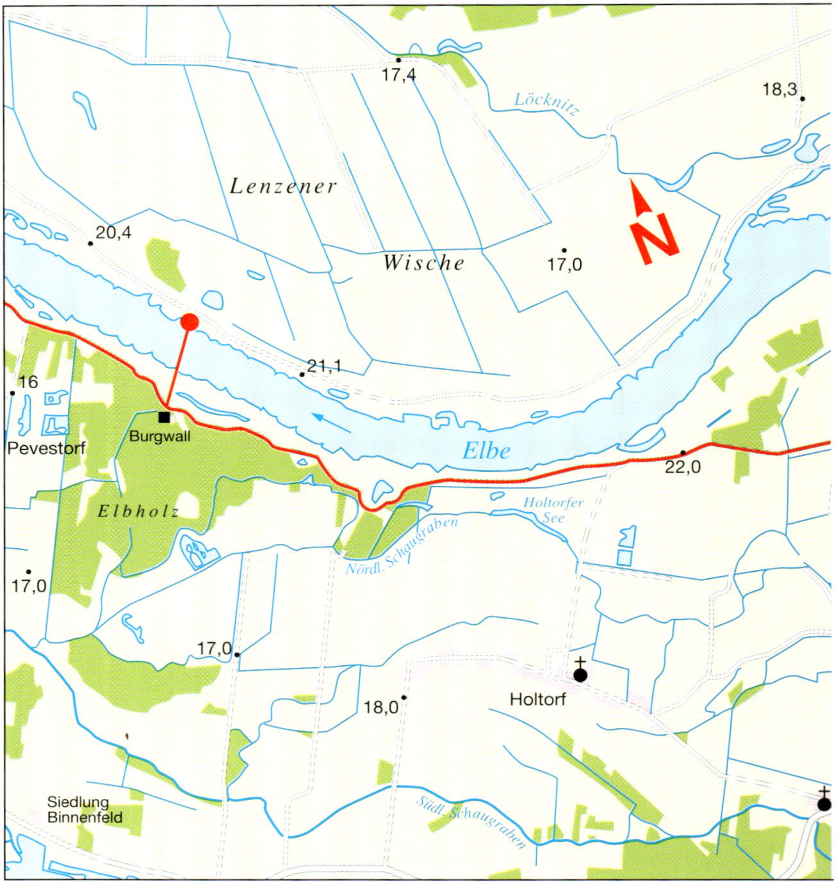

Die Strecke

Länge: 10,5 km.
Wege: Betonweg, streckenweise unbefestigter Deichweg vor Schnackenburg, Ortsstraßen.
Steigungen: Keine.
Verkehr: Gering.
Markierung: Zum Teil beschilderter Radweg Hamburg – Schnackenburg.
Gesamteindruck: Seit dem Mauerfall 1989 liegt Schnackenburg nicht mehr im toten Winkel der innerdeutschen Grenze – doch man hat gerade hier den Eindruck, als habe sich seither wenig getan.

Elbholz bei Pevestorf – Schnackenburg 6,5 km

Am Lindenkrug geht es links zur Elbe. Unterwegs sollte man sich bei einem Gewässer halb links halten, am Deich geht es rechts weiter. Teile des Wegs sind unbefestigt, aber gut befahrbar. Rechts sieht man einem langgestreckten Auewald mit Bracks, links stehen ansehnliche Eichen, von den Bauern vor Jahrhunderten angepflanzt, um den Deich bei Eisgang zu schützen. Gut 4 km radelt man am Deich entlang bis zu einem Abzweig, hier geradeaus fahren. In ▶ **Schnackenburg** empfehlen wir eine Einkehr; es bieten sich mehrere Gasthöfe dazu an.

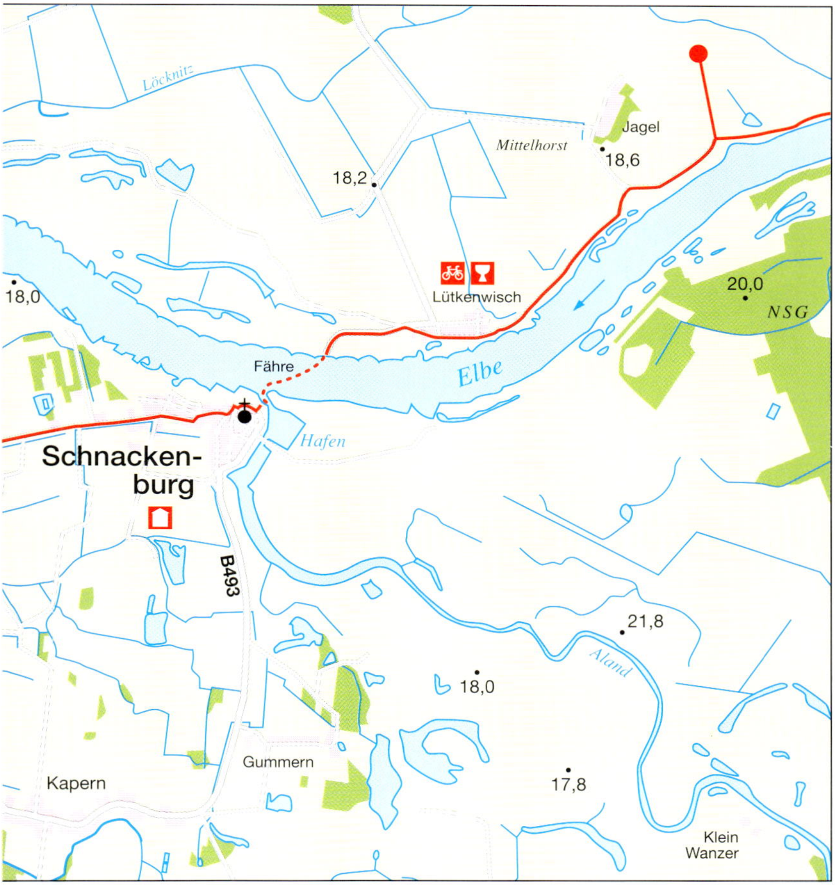

Schnackenburg – Jagel ________ 4 km

In Schnackenburg wechseln wir mit der Fähre auf das nördliche Ufer, nach Lütkenwisch in Brandenburg. Auf einer Asphaltstraße radeln wir von der Fähre in weiter Rechtskurve leicht bergan zum Deich, auf den wir rechts einbiegen. Bis Havelberg wird nun die Elbe stets zur rechten Hand fließen. Im Ort lädt das Café Jaap zur Einkehr ein, gegenüber kann man sich an einer Tafel über den Radweg nach ▶ **Lenzen** und das Schicksal Lütkenwischs informieren: 40 Gebäude wurden zu DDR-Zeiten abgerissen. Hinter Lütkenwisch geht es auf einem Asphaltweg Richtung Jagel.

INFOS

Auskünfte
Kurverwaltung Gartow, Nienwalder Weg 1, 29471 Gartow, Tel. 0 58 46/3 33

Fahrradverleih
Fahrradverleih Lütkenwisch, Haus Nr. 4 19309 Lanz, Ortsteil Lütkenwisch,

Unterkunft
Haus Wilhelm Meins, Am Markt 1, 29493 Schnackenburg, Tel. 0 58 40/2 58

Bahnanschluß
Wittenberge

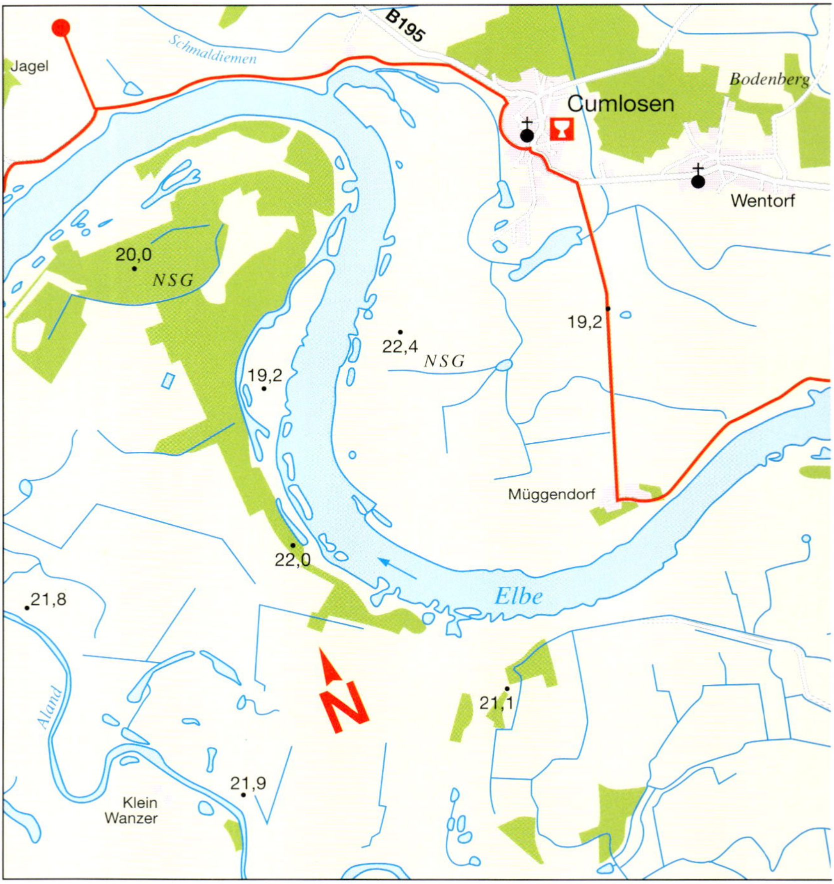

Die Strecke

Länge: 15,5 km.
Wege: Gut befahrbare Deichwege
Steigungen: Keine.
Verkehr: Gering.
Markierung: Gute Ausschilderung. Die Route ist Teil verschiedener regionaler Radwege der Prignitz.
Gesamteindruck: Es geht durch die Prignitz, die Sandbüchse Brandenburgs, die längs der Elbe aber ungeahnte Reize entfaltet. Einsame, stille Gegenden mit wenigen Gasthöfen.

Jagel – Cumlosen ____________ 3,5 km
Jagel war ein reiches Dorf, wie die stattlichen Häuser verraten. Der Radweg zwingt nicht zur Ortserkundung, man kann geradeaus auf dem Deich weiterfahren. An einem Rastplatz liegt, etwas abseits vom Dorf, der alte Friedhof. Er wurde hier für ein älteres Dorf angelegt, das in den Fluten unterging. Jenseits der großen Elbschleife kommen wir an einem ehemaligen Militärgelände mit Hafen vorbei, Liegeplatz der Kontrollboote der DDR-Grenztruppen. Kurz vor Cumlosen radelt man rechts ab vom Deich durch die Aue. Wieder auf dem Deich geht es links zur Dorfmitte.

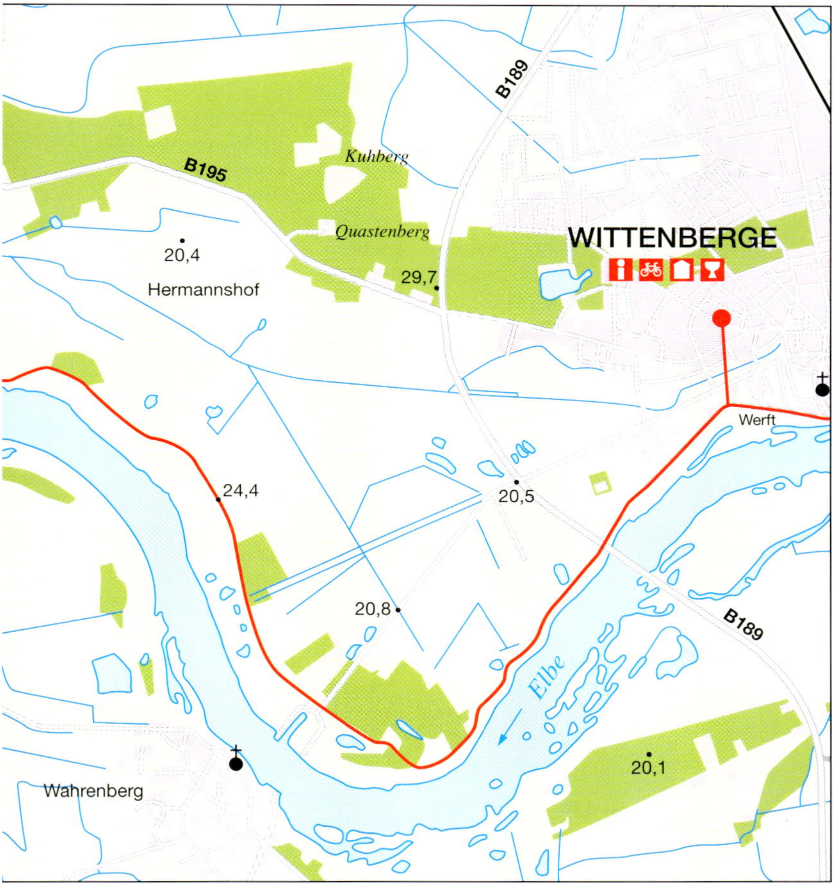

Cumlosen – Wittenberge ______ 12 km
Die Elbe bei Cumlosen ist besonders reizvoll, auch für die Tierwelt. Naturschützer bitten deshalb, eine kurze Strecke den Elbdeich zu meiden: Dazu radelt man auf der B 195 etwa 300 m aus dem Ort und biegt nach Süden, nach Müggendorf ab. Von dort geht es weiter auf dem Deich nach Wittenberge. Man fährt unter der Autobrücke hindurch, passiert das Kleingartenviertel und den Hafen und fährt auf der Elbstraße weiter. Die Bahnstraße führt links ins Zentrum von Wittenberge. Die Elbstadt war zu DDR-Zeiten die größte Industriestadt zwischen Magdeburg und Hamburg.

INFOS

Auskünfte
Stadtinformation Wittenberge, Bahnstr. 56, 19322 Wittenberge, Tel. 0 38 77/90 42 19

Fahrradverleih
über Stadtinformation Wittenberge (Mo–Fr 10–18 Uhr)

Unterkunft
Pension Schwesig, Lenzener Chaussee 19 a, 19322 Wittenberge, Tel. 0 38 77/31 06

Restaurant
Landgaststätte, Lenzener Str. 43, 19322 Cumlosen, Tel. 03 87 94/2 14

Bahnanschluß
Wittenberge

Gorleben

Man sieht es dem stillen, kleinen Gorleben nicht an, daß hier harte Kämpfe der Atomkraftgegner gegen die Polizei stattgefunden haben. Eine Kirche, einige Gasthöfe, Bäckerei und Post – mehr steht nicht von allgemeinem Belang in dem (wirklich schönen) Wendland-Dorf. Die Objekte, die den Zorn der Demonstranten hervorriefen, verbergen sich südlich des Dorfes an der Landstraße nach Gedelitz im Gorlebener Forst: Das Zwischenlager befindet sich westlich der Landstraße, das Salzbergwerk südöstlich des Straßenknicks.

Gartow (Abstecher)

Der Flecken Gartow war im Mittelalter Herrensitz des Johanniterordens. Im Jahre 1710 ließ hier der hannoversche Minister Andreas Gottlieb Graf von Bernstorff Schloß und Barockkirche errichten. Heute ist die kleine Gemeinde Ausgangspunkt von Wanderungen und Naturerkundungen zum Gartower Forst (mit Wildgehege), zum Gartower See (Baden, Surfen), an die Seege und zum Elbholz, dem größten Rest eines Auewaldes im Naturpark Elbufer-Drawehn. Man sollte bei einem Besuch keineswegs die Kranichstation (April bis Oktober) des Naturschutzbundes (NABU) versäumen. Die Funktürme der Telekom sind – 332 m und 343 m hoch – die höchsten Stahlbauwerke in Deutschland.

Höhbeck

Der Höhbeck, eine Geestkuppe nördlich von Gartow, ist durch die beiden rot-weißen Funktürme schon aus großer Ferne erkennbar. Erdgeschichtlich ist der Höhbeck ein Überbleibsel der Saale-Eiszeit, der vorletzten großen Kaltzeit. An den steilen Nordhängen trifft man auf einen Eichen-Buchenwald mit Buschwindröschen, Goldstern und Scharbockskraut. Dagegen sind die flach abfallenden Südhänge mit ihren sandigen, sonnenreichen Böden ideal für die in Deutschland so

Autobrücke bei Dömitz (links), Südufer der Elbe bei Dömitz (rechts)

seltenen Trockenrasengesellschaften. Dort gedeihen hochspezialisierte Pflanzen, die selbst bei kargsten Bedingungen überleben, u. a. Feldmannstreu und die seltene Wiesenküchenschelle, Sandsegge und Mauerpfeffer. Heidelerche und Bachpieper suchen diese Gebiete immer wieder gern auf.

▶ Schnackenburg

Schnackenburg an der Mündung des Alands in die Elbe ist die kleinste Stadt Niedersachsens. Östlich von Schnakkenburg beginnt die Altmark, die zu Sachsen-Anhalt gehört. Elbschiffahrt und das Zollwesen spielten stets die größte Rolle, vor allem in den Zeiten des kalten Kriegs, als hier, an der Grenze zur DDR, die Elbschiffe abgefertigt wurden. Nach der Wende verlor Schnackenburg sehr an Bedeutung. Sehenswert sind die romanische St.-Nikolai-Kirche mit wertvoller Barockausstattung (um 1200 erbaut) und das Amtshaus am Markt, das als Museum ganz im Zeichen von Schiffahrt, Elbe und Elbzoll steht (am Wochenende geöffnet).

▶ Lenzen (Abstecher)

Lenzen liegt am Rand der Elbaue zwischen dem Rudower See und der Löcknitz. Am Ort einer slawischen Festung entstand eine Burg, von der nur der Bergfried aus dem 13. Jahrhundert erhalten ist. Im Burgmuseum ist die komplette Einrichtung eines DDR-Konsumladens samt Warenausstattung zu sehen. Im Heimatmuseum daneben kann man die mit 8500 Zinnsoldaten nachgestellte Schlacht König Heinrichs gegen die slawischen Obodriten sehen, die sich in der Festung Lancini (Lenzen) verschanzt hatten. In der Stadtkirche St. Katharinen findet sich eine Orgel von Arp Schnitger von 1708.

Typisches Bauernhaus in der Lenzener Wische

Durch die Prignitz in die Altmark

Man braucht kein Historiker zu sein, um zu erkennen, daß die Elblandschaft dieser Strecke wirtschaftlich und historisch eher ein abgelegenes Gebiet ist. Nach dem Dreißigjährigen Krieg fielen die Bauernwirtschaften den Rittern zu, die ihrem Landesherrn dafür die Treue hielten. Man war strikt konservativ – daher die Ansicht, Prignitz und Altmark seien rückständig.

Gehen wir aber ins 11. und 12. Jahrhundert zurück, sehen wir anderes: Im Zuge der Ostkolonisation kamen Siedler über die Elbe und verdrängten die Slawen. Mehrere Jahrhunderte lang hatte die Altmark hohes politisches Gewicht. Dann wurden die Lande um Spree und Havel die neuen Zentren. Wer dies weiß, erkennt die Anzeichen allerorten: In den Gutshöfen, die kein Reiseführer nennt, und in den trutzigen, dunklen Feldsteinkirchen am Wegesrand.

Der Radweg ist 83 km lang und führt durch die brandenburgische Elbtalaue bis Havelberg, von dort über die Elbe und auf dem hohen Uferplateau durch die östliche Altmark nach Süden.

Die Stadtsilhouette von Tangermünde – dicht ans Elbufer geschmiegt

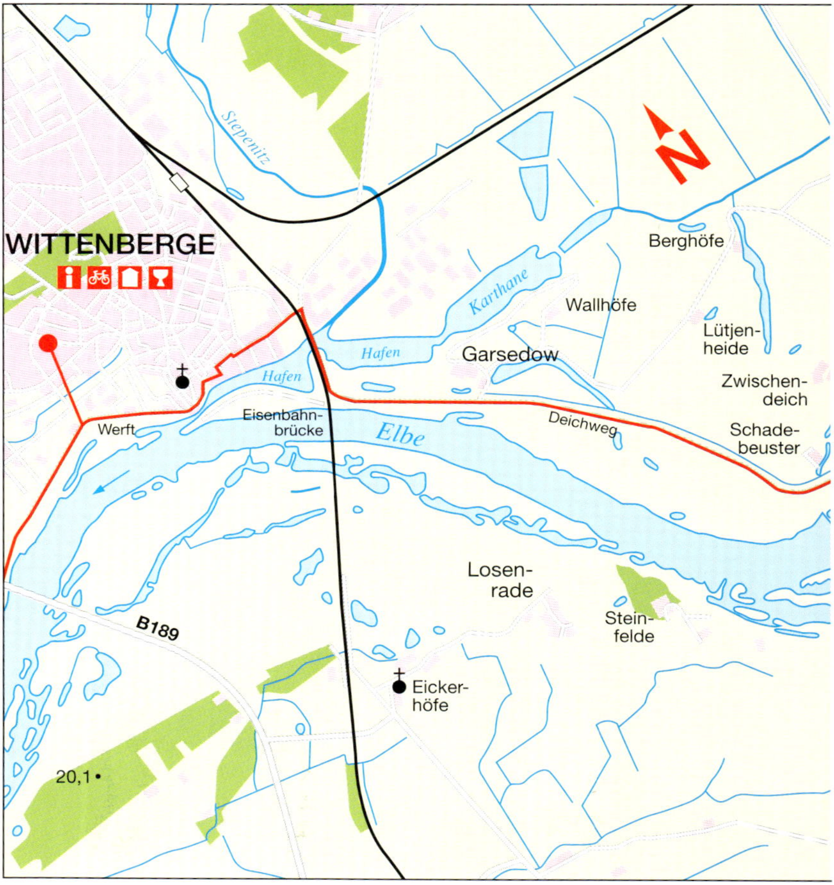

Die Strecke

Länge: 12,5 km.
Wege: Orts- und Landstraße, holprige Deichwege.
Steigungen: Gering.
Verkehr: Reger Verkehr in Wittenberge, auf der Landstraße Berufsverkehr.
Markierung: Keine.
Gesamteindruck: Wilde, einsame Landschaft, die fast zerrissen wirkt. Man hat die Wahl zwischen holprigen Deichwegen und der schmalen, gewundenen Landstraße. Die Natur entschädigt den Radwanderer für die Anstrengungen.

Wittenberge – Hinzdorf ______ 7,5 km
In ▶ **Wittenberge** radeln wir auf der Bad Wilsnacker Straße nach Osten, unterfahren die Bahnbrücke und biegen beim ehemaligen Singer-Werk (Veritas) rechts nach Hinzdorf ab. Die Straße verläuft hier auf dem Deich. Nach gut 1 km biegt die Straße links ab, wir fahren auf dem Deich geradeaus an der Elbe entlang. Das nächste Dorf ist Schadebeuster, dann folgt Hinzdorf. Dort verläuft der Elbe-Radwanderweg weiter entlang der Landstraße.

Hinzdorf – Bälow ______________ 5 km
Hinter Hinzdorf erstreckt sich ein großer Kiefernwald. In Scharleuk kommt

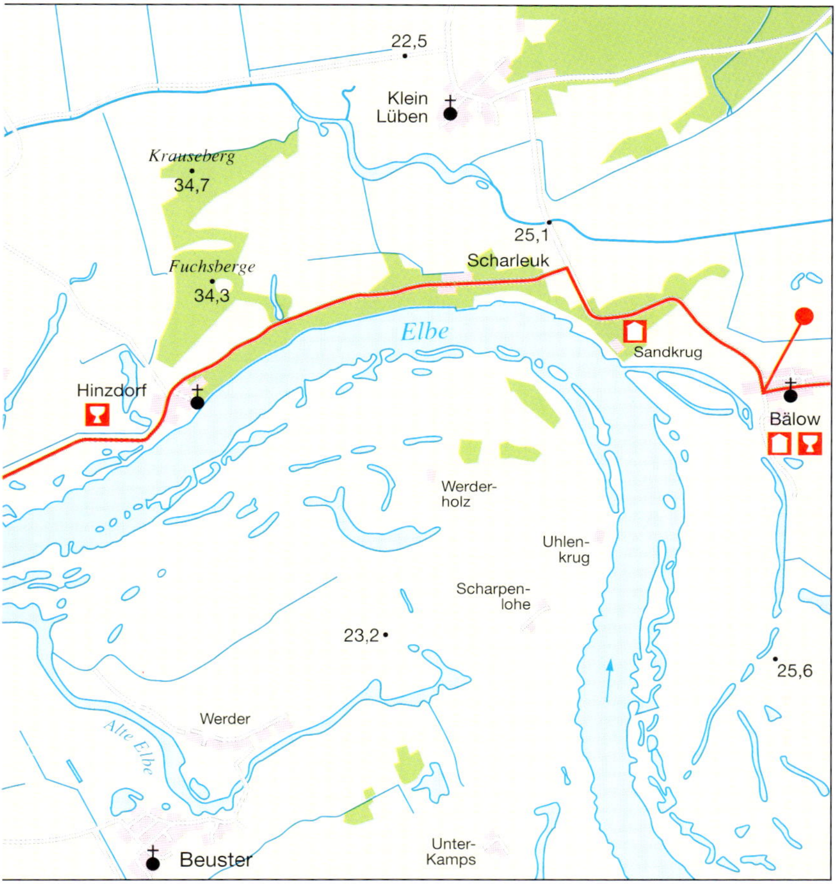

man an der Bushaltestelle von der Straße rechts zum Deich: Auf einem wunderschönen Weg durch Kiefernwald radelt man unmittelbar an der Elbe entlang. Nächstes Dorf ist Sandkrug, wo in einem Eichenhain ein Gedenkstein an das preußisch-russische Bündnis gegen Napoleon 1813–1815 erinnert. Der Deichweg geht zwar noch ein Stück weiter, es empfiehlt sich aber, hier auf der breiten Straße nach Bälow zu fahren. Die Einkehr im Gasthof »Sandkrug« ist sehr anzuraten. Auf der Landstraße, der ehemaligen Panzerstraße der Sowjet-Armee für den Elbübergang bei Rühstädt, radeln wir nach Bälow.

INFOS

Auskünfte
Stadtinformation Wittenberge, Bahnstr. 56, 19322 Wittenberge, Tel. 0 38 77/90 42 19

Fahrradverleih
Maja Opfermann, Wittenberger Str. 34, 19336 Bad Wilsnack Tel. 03 87 91/23 55

Unterkunft
Pension Schwesig, Lenzener Chaussee 19 a, 19322 Wittenberge, Tel. 0 38 77/31 06

Unterkunft und Restaurant
Gasthof Sandkrug, 19322 Sandkrug, Tel. 03 87 91/23 11

Bahnanschluß
Wittenberge, Bad Wilsnack

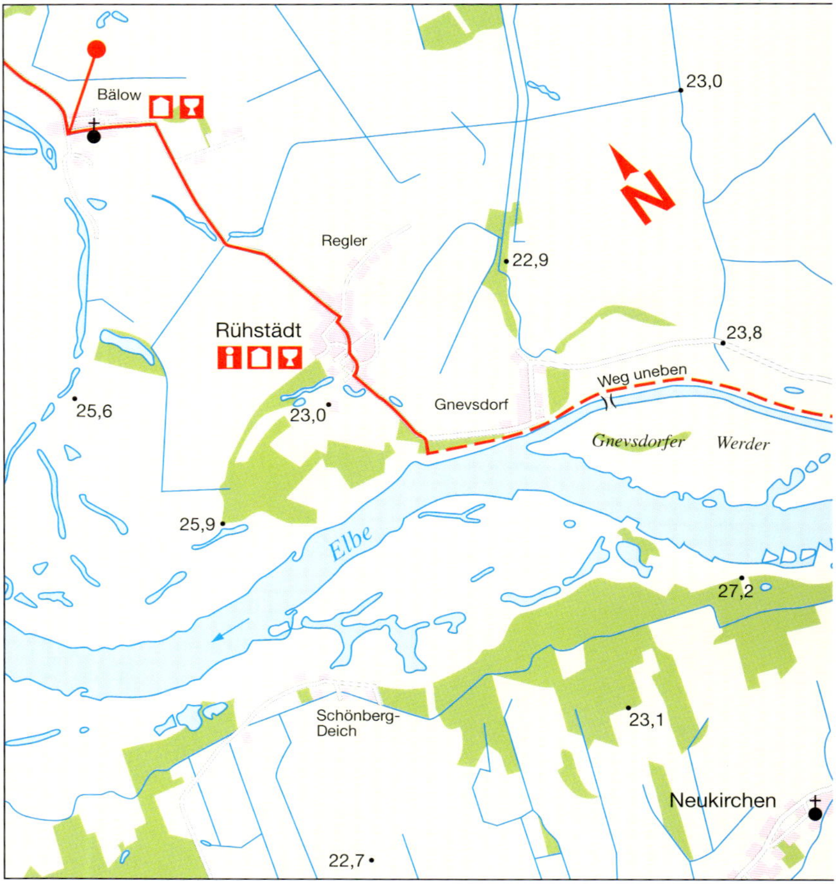

Die Strecke

Länge: 11,5 km.
Wege: Landstraße, holprige Deichwege.
Steigungen: Keine.
Verkehr: Gering.
Markierung: Keine.
Gesamteindruck: Einsame, abgelegene Elblandschaft, die im Sommer ganz im Zeichen der Störche steht, die in Rühstädt dem Brutgeschäft nachgehen. Naturschützer bitten darum, den Elbbogen westlich des Storchendorfes zu meiden.

Bälow – Rühstädt _______ 2,5 km
In Bälow kann man zwar auf dem Deich nach Rühstädt radeln, Naturschützer bitten aber darum, den Deich auf dieser kurzen Strecke zu meiden, der Vogelwelt zuliebe. Die breite Betonstraße von Bälow (im Ort links abbiegen) in das Storchendorf ▶ **Rühstädt** radelt sich ohnehin ausgesprochen gut.

Rühstädt – Quitzöbel _______ 9 km
In Rühstädt steht fast alles im Zeichen der Störche, die alljährlich in großer Zahl (1993: 32 Paare) eintreffen. Auf fast jedem Bauernhaus gibt es ein Nest. Das Dorf ist auf Tourismus eingestellt,

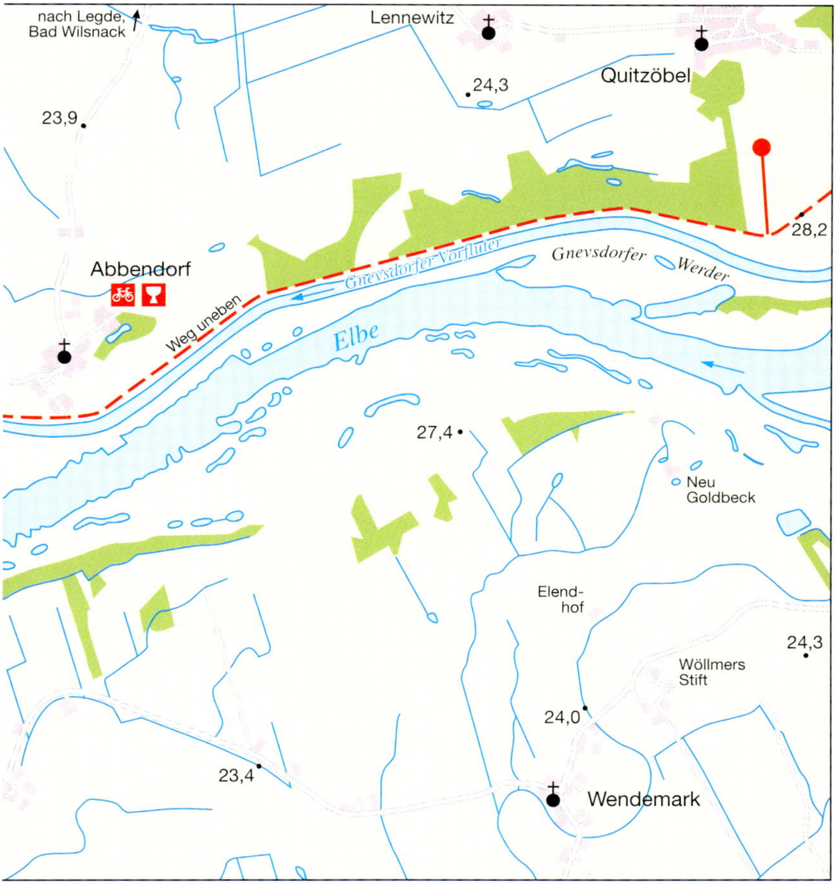

an Gasthöfen ist kein Mangel. Der Radweg verläuft auf der Dorfstraße durch Rühstädt hindurch. Etwa 600 m hinter dem Dorf führt eine Betonrampe rechts auf den Deich: Hier sollten im Kriegsfalle Sowjet-Panzer die Elbe durchqueren. Auf dem holprigen Deichweg geht es nun weiter bis Gnevsdorf. Dort beginnt der Gnevsdorfer Vorfluter, die verschleppte Mündung der Havel. Naturschützer bitten darum, nicht auf der langgestreckten Halbinsel weiterzufahren, sondern auf dem Deichweg zu bleiben. Über Abbendorf (Einkehr im Dörpkrog empfohlen) bis Quitzöbel ist der Weg zwar holprig, aber zugleich ausgesprochen schön.

INFOS

Auskünfte
Haus des Gastes, Im Birkengrund, 19336 Bad Wilsnack, Tel. 03 87 91/3 66 11

Fahrradverleih
siehe Restaurant Dörpkrog, Abbendorf

Unterkunft und Restaurant
Hotel Prignitzer Hof, Havelberger Str. 1, 19336 Legde, Tel. 03 87 91/62 42

Restaurant
Dörpkrog an Diek, Dorfstr. 1, 19322 Rühstädt, Ortsteil Abbendorf, Tel. 03 87 91/72 33

Bahnanschluß
Bad Wilsnack

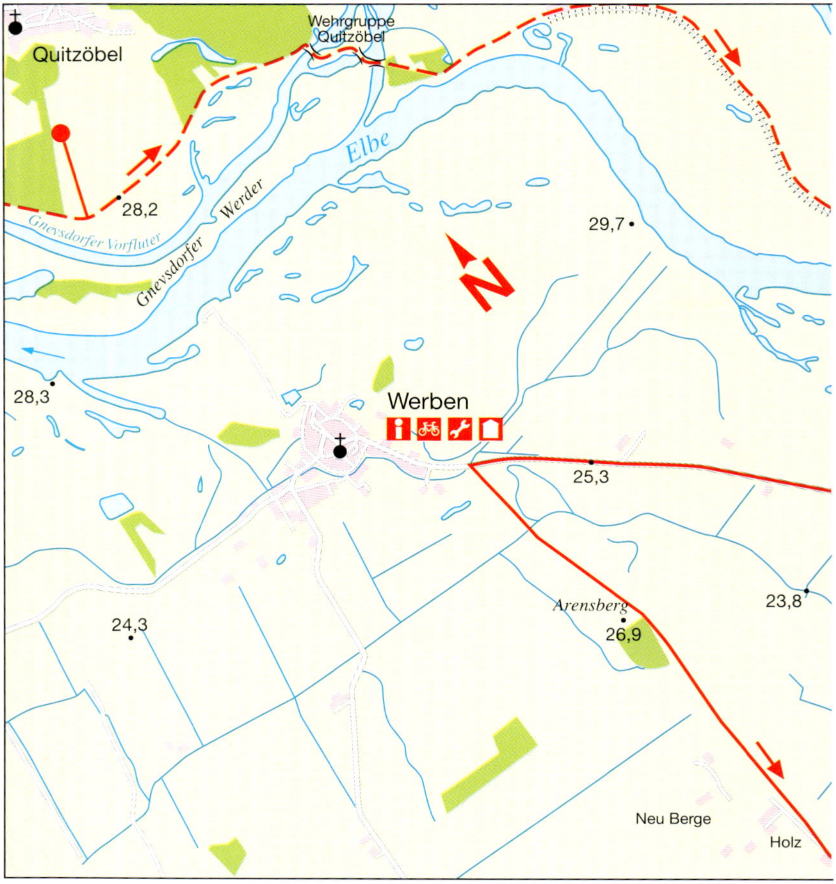

Die Strecke

Länge: 19 km.
Wege: Holprige Deichwege, Plattenweg, Ortsstraßen.
Steigungen: Gering.
Verkehr: Gering, mit Ausnahme in Havelberg.
Markierung: Altmark-Rundkurs ab Werben (gelbgrüne Schilder).
Gesamteindruck: Ruhige Flußlandschaft, die durch die ungewöhnlich langgestreckte verschleppte Mündung der Havel in die Elbe bestimmt wird.

Quitzöbel – Elbstraße Havelberg ______ 10 km
Auf dem Deich am Gnevsdorfer Vorfluter entlang erreicht man bei Quitzöbel – das Dorf liegt etwa 500 m links querab – die sogenannte »Wehr-Gruppe Quitzöbel«. Wir biegen rechts ab und fahren über die Schleuse und die zwei Wehre auf den Gnevsdorfer Werder. Wir halten uns rechts und fahren am Deich entlang über Neuwerben in Richtung Schleuse Havelberg (Sachsen-Anhalt). Unterwegs rechts halten. Jenseits der Schleuse erreicht man die Elbstraße. Links kommt man zur Genthiner Straße, von dort geht es wieder links zur Altstadt von ▶ **Havelberg**.

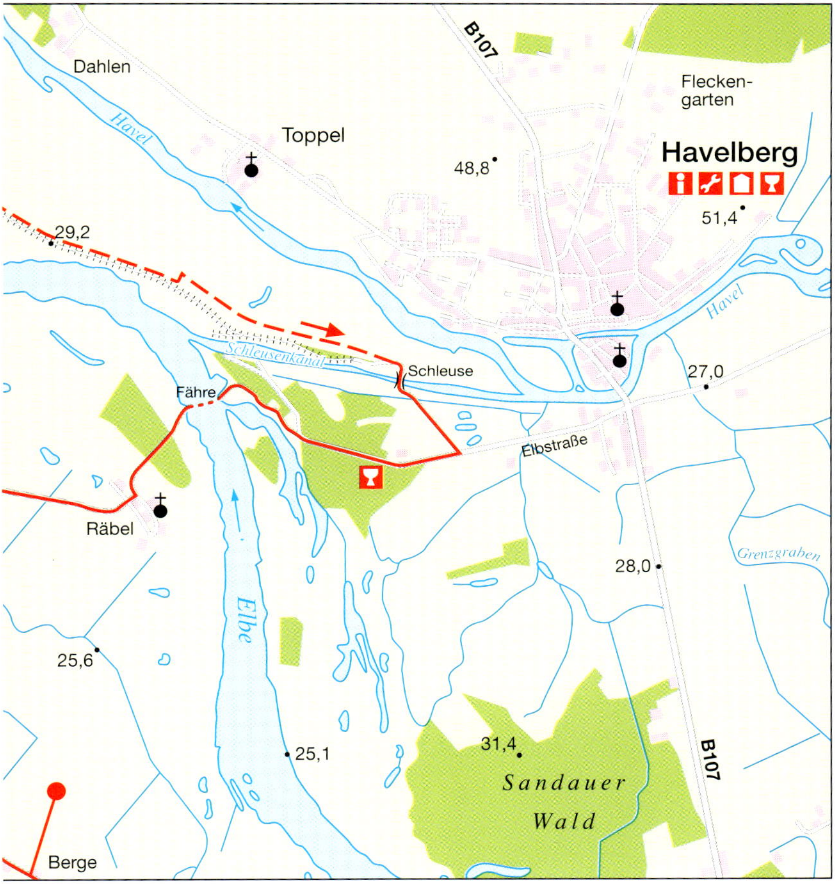

Elbstraße Havelberg – Berge____9 km
Von der Schleuse kommend, fährt man rechts auf der Elbstraße zur Autofähre Havelberg-Räbel. Unterwegs kommt man am Gasthof »Mühlenholz« vorbei. Am anderen Ufer beginnt die ▶ **Altmark** (Sachsen-Anhalt). Von der Fähre erreicht man das Dorf Räbel. Auf einer guten Pflasterstraße geht es weiter nach ▶ **Werben**. Kurz vor dem Städtchen biegt links der Radweg in Richtung Arneburg ab, Teil des Altmark-Rundkurses (gelb-grüne Schilder). Unterwegs passiert man den 27 m hohen Arensberg, der nur als abgeflachte Erhebung zu erkennen ist. Kurz darauf ist Berge erreicht.

INFOS

Auskünfte
Tourist-Information, Salzmarkt 1,
39539 Havelberg, Tel. 03 93 87/8 82 24

Fahrradwerkstatt und -geschäft
Fahrradhaus Hubeny, Pritzwalker Str. 20,
39539 Havelberg, Tel. 03 93 87/8 87 97

Unterkunft
Elb-Havel-Pension, Genthiner Str. 5,
39539 Havelberg, Tel. 03 93 87/5 36

Unterkunft und Restaurant
Gasthof Mühlenholz, Elbstraße 7,
39539 Havelberg, Tel. 03 93 87/3 64

Bahnanschluß
Bad Wilsnack, Seehausen

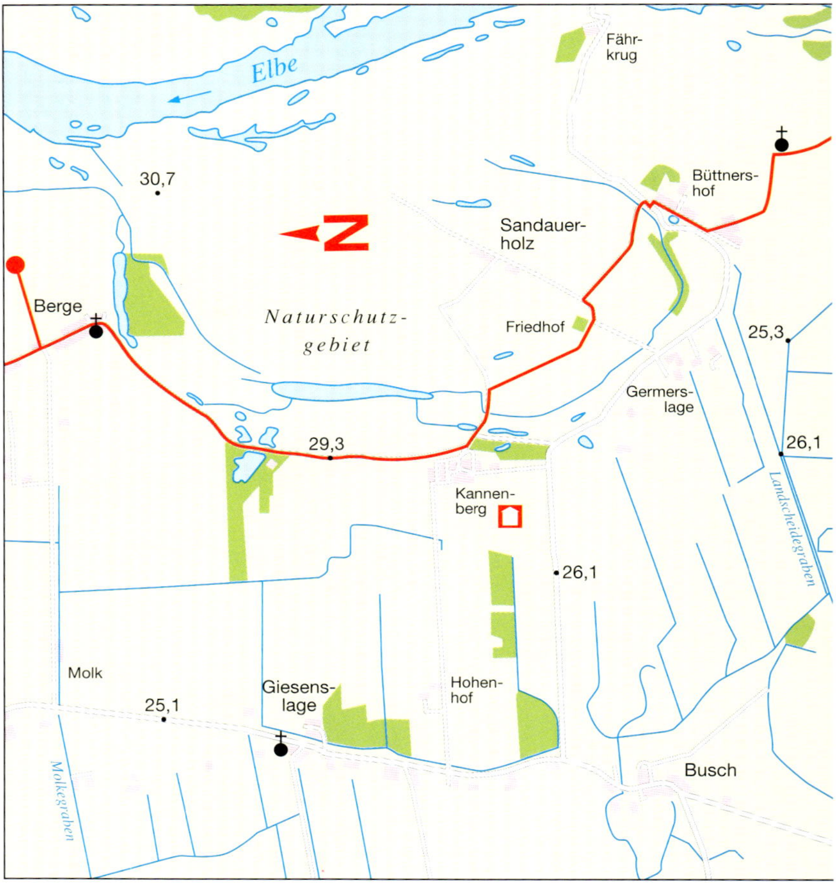

Die Strecke

Länge: 17 km.
Wege: Guter Radweg, Asphaltstraße.
Steigungen: Mäßige, langgezogene Steigungen bei Altenzaun und hinter Schwarzholz.
Verkehr: Gering.
Markierung: Altmark-Rundkurs bis Hohenberg.
Gesamteindruck: Sehr einsame, schöne Strecke, die ab Berge durch das Naturschutzgebiet Alte Elbe führt. Hinter Osterholz führt der Weg weiträumig um das (nie in Betrieb genommene) AKW Stendal herum.

Berge – Altenzaun ____________ 10 km
In Berge macht die Straße einen Rechtsschwenk auf den Deich. Hinter der wuchtigen Kirche beginnt das Naturschutzgebiet Alte Elbe (mit Elbe-Bibern). Auf dem Deichweg erreicht man Kannenberg. Hinter dem Gutsschloß Kannenberg zunächst links halten, nach etwa 400 m (gekappte Weide) biegen wir rechts ab und radeln bis zum Friedhof. Nach der Linkskurve geht es rechts nach Büttnershof. Dort überqueren wir die Landstraße nach rechts, biegen dann links ein, fahren am ehemaligen Gutshof vorbei und folgen der Dorfstraße, beim Telefonhäuschen links halten. Auf dem Radeweg

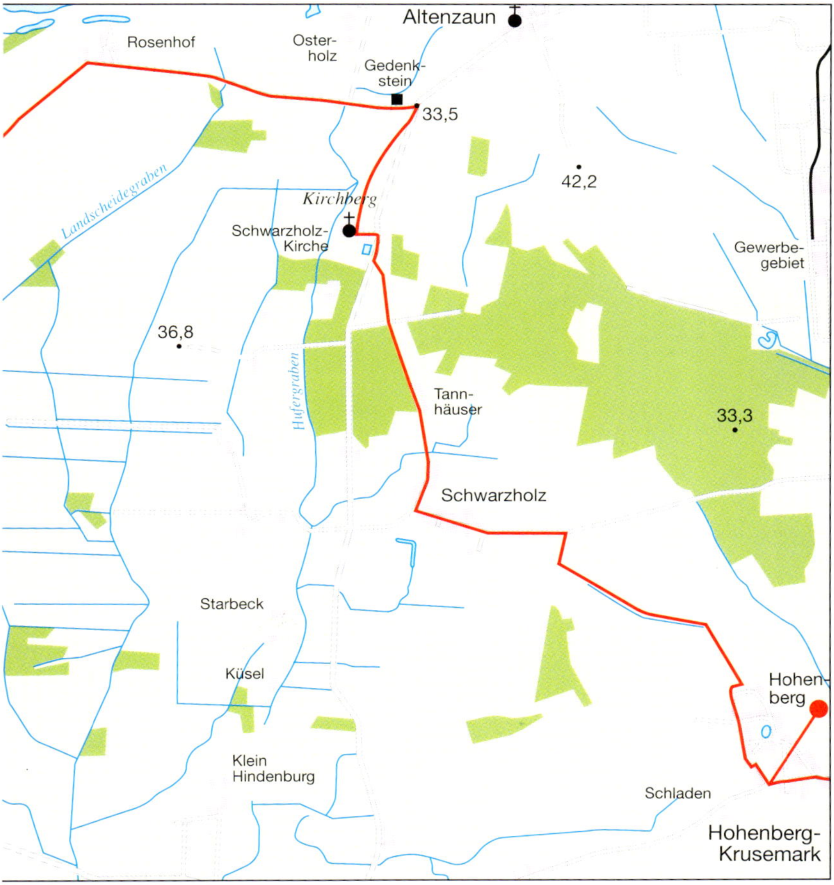

kommt man an der einsam gelegenen Ruine der Kirche Käcklitz vorbei. Nächste Ortschaft ist Rosenhof, hinter der man auf einem asphaltierten Radweg an Osterholz vorbeiradelt.

Altenzaun – Hohenberg _______ 7 km
Bei Osterholz sind die Kühltürme des AKW Stendal bereits gut in Sicht (es war nie in Betrieb). Vor der T-Kreuzung steht links der »Yorck-Gedenkstein«. Wir fahren rechts weiter nach Schwarzholz-Kirche (Kirch-Polkritz) mit einer romanischen Feldsteinkirche. Etwa 200 m hinter der Kirche überquert der Radweg die Straße und führt weiter über Schwarzholz nach Hohenberg.

INFOS

Auskünfte
Fremdenverkehrsverein Altmärkische Wische, Am Markt 1, 39615 Werben, Tel. 03 93 93/2 19

Fahrradverleih und -werkstatt
Bergmann, Ernst-Thälmann-Str. 15, 39615 Werben, Tel. 03 93 93/4 49

Unterkunft
Pension Meiser, Am Blauen See, 39606 Kannenberg, Tel. 03 93 90/7 03

Hotel-Restaurant Ratskeller, Am Markt 1, 39615 Werben, Tel. 03 93 93/2 93

Bahnanschluß
Seehausen, Osterburg

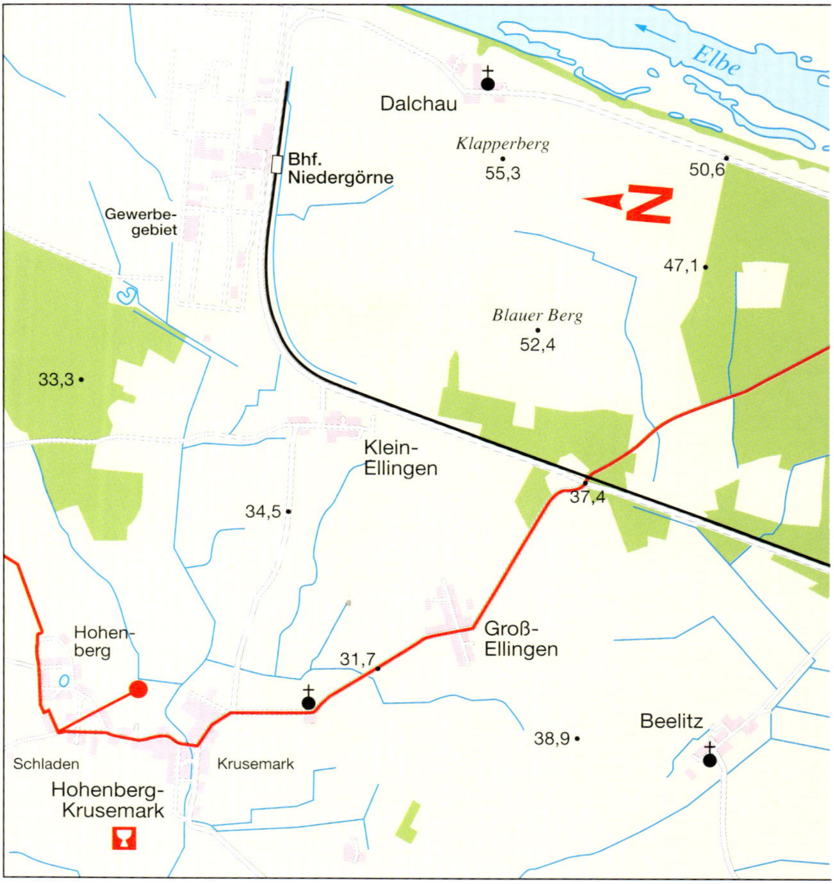

Die Strecke

Länge: 11,5 km
Wege: Radwege, Ortsstraßen.
Steigungen: Geringe, langgezogene Steigungen vor und hinter Arneburg.
Verkehr: Gering, mit Ausnahme der Landstraße von Krusemark nach Arneburg (teilweise mit Radweg).
Markierung: Keine.
Gesamteindruck: Ruhige Strecke rund um das AKW Stendal. Arneburg, vom Tourismus völlig unberührt, hat ein schönes Ensemble von Fachwerkhäusern aus dem 18. Jahrhundert. Von Arneburg geht es auf dem Hochufer der Elbe weiter nach Süden.

Hohenberg – Arneburg ________ 7,5 km
In Hohenberg fahren wir zunächst bis zur Hauptstraße. Dort verläßt der Altmark-Rundkurs den Elbe-Radwanderweg und führt rechts ab nach Hindenburg. Wir fahren links weiter durch Hohenberg hindurch nach Krusemark. Am Ende der Hauptstraße wenden wir uns an der T-Kreuzung nach links und verlassen das Dorf in Richtung Groß Ellingen. Auf der zeitweise stark befahrenen Landstraße radeln wir auf dem Radweg an der Feldsteinkirche vorbei durch Groß-Ellingen, kreuzen die Landstraße, überqueren die Bahnlinie und fahren nach ▶ **Arneburg**. Vom Burgberg des Ackerbürgerstädtchens

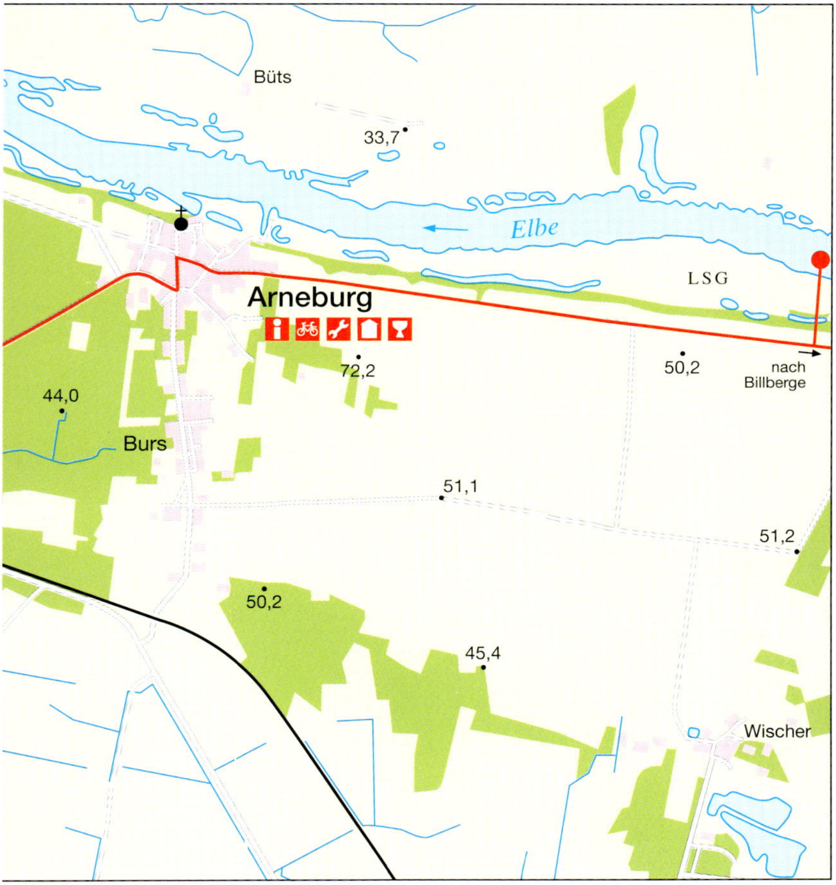

hat man einen sehr schönen Blick ins Elbetal.

Arneburg – Billberge ___________ 4 km
In Arneburg radeln wir vom Markt auf der Tangermünder Straße nach Süden auf dem Altmark-Rundkurs in Richtung Tangermünde. Auch hier ist der Radweg gut ausgebaut und markiert. Obwohl die Elbe recht nah ist, sieht man den Strom vom Hochufer aus so gut wie nicht. Doch im sanften Auf und Ab des Radwegs sind gelegentlich Schluchten erkennbar, die linker Hand zur Elbe hinunterführen. Unverhofft kommt dan das kleine Elbdorf Billberge in Sicht.

INFOS

Auskünfte
Stadtverwaltung, Breite Str. 14 a, 39596 Arneburg, Tel. 03 93 21/21 02

Fahrradverleih und -werkstatt
H. Buchholz, Bahnhofstr. 1, 39596 Arneburg, Tel. 03 93 21/23 37

Unterkunft
Pension Schottke, Tangermünder Str. 31, 39596 Arneburg, Tel. 03 93 21/25 29

Bahnanschluß
Osterburg, Stendal

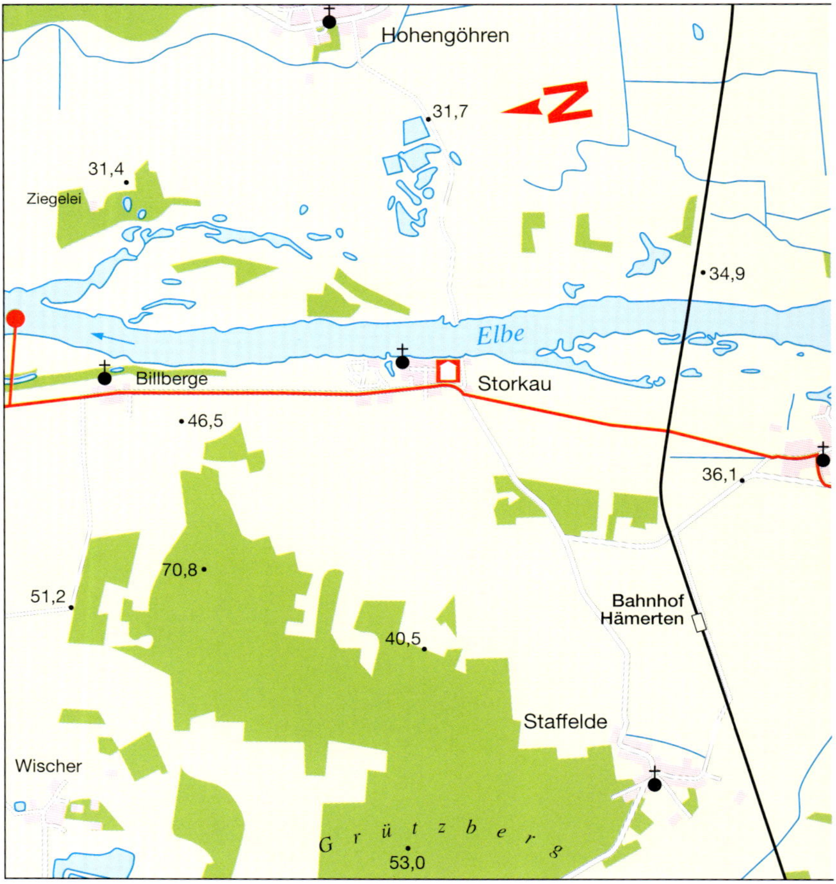

Die Strecke

Länge: 11,5 km.
Wege: Guter Radweg, Landstraße ab Storkau.
Steigungen: Wenige geringe, langgezogene Steigungen.
Verkehr: Berufsverkehr bei Tangermünde.
Markierung: Altmark-Rundkurs bis Tangermünde.
Gesamteindruck: Ruhige Strecke durch flachwelliges Grundmoränengebiet hoch über der Elbe. Ab Storkau Fahrt auf der Landstraße nach Tangermünde.

Billberge – Storkau ________ 2,5 km
In Billberge kann man die kleine Kapelle besichtigen, auch der alte Gutshof aus dem 19. Jahrhundert (heute ein Reiterhof) ist sehenswert. Auf dem in diesem Abschnitt mustergültigen Altmark-Rundkurs fahren wir weiter nach Storkau. Links der Dorfstraße erstreckt sich der Schloßpark mit dem Schloß, heute ein (teures) Hotel. Die alte Dorfkirche steht seit dem Jahre 1230.

Storkau – Tangermünde ________ 9 km
Am Ortsende, wo die Straße in einer Rechtskurve Storkau verläßt, biegen wir links in den Radweg ein und radeln

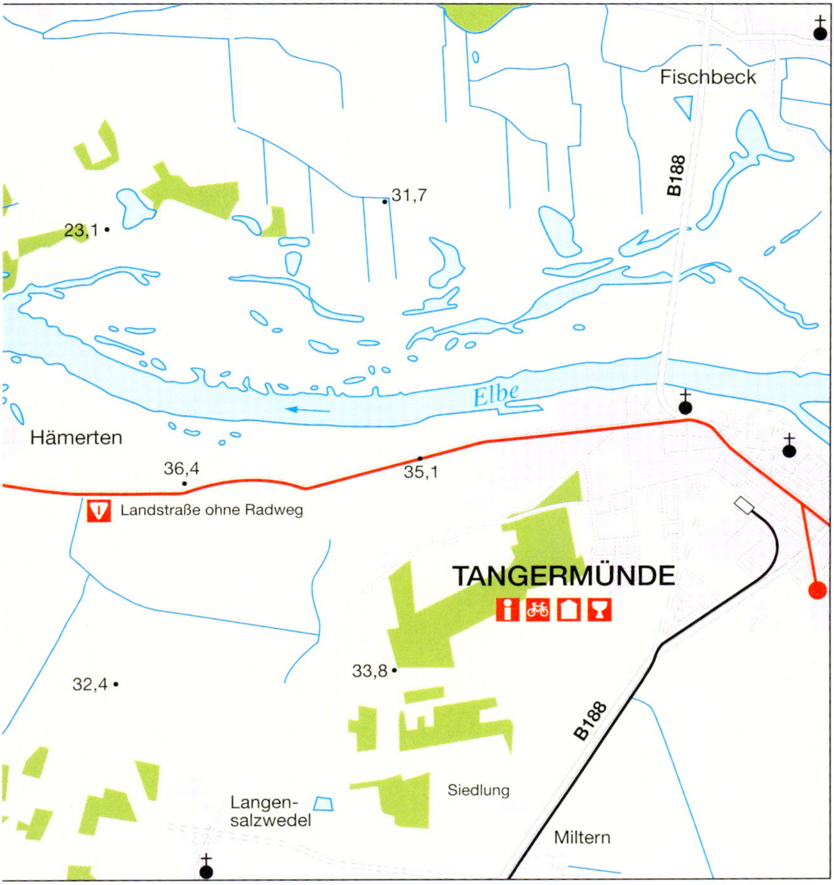

in Richtung Hämerten. Kurz vor dem Ort unterquert der Radweg die Bahnlinie Hannover–Berlin. In Hämerten fahren wir bis zu der »verkehrten« Feldsteinkirche von 1100. Sie wurde mit dem Chor nach Westen errichtet, der Turm steht an der Ostseite. Wir fahren rechts weiter und halten uns an der Landstraße links. Nach knapp 4 km ist der Ortsanfang von ▶ **Tangermünde** erreicht. Geradeaus durch die Arneburger Straße, quer durch das Gewerbegebiet, erreicht man zügig den Kern der Altstadt. Auf der Hühnerdorfer Straße, vorbei an der Elisabeth-Kapelle, gelangt man zur Langen Straße, die die Altstadt durchzieht.

INFOS

Auskünfte
Tourist-Information Tangermünde, Marktstr. 13, 39590 Tangermünde, Tel. 03 93 22/ 37 10

Fahrradverleih
W. Klauschies, Arneburger Str. 95, 39590 Tangermünde, Tel. 03 93 22/32 82

Unterkunft
Pension Zur Altstadt, Lange Str. 40, 39590 Tangermünde, Tel. 03 93 22/25 18

Bahnanschluß
Stendal, Hämerten

Wittenberge

Wittenberge, an der Einmündung der Stepenitz und der Karthane in die Elbe gelegen, war bis zur Wende die wichtigste Industriestadt zwischen Magdeburg und Hamburg. Davon ist so gut wie nichts geblieben, nur als Verkehrsknotenpunkt (zwei Elbbrücken, Hafen) hat die Stadt eine gewisse Bedeutung behalten. Aus mittelalterlicher Zeit blieb nur der Steintorturm (Anfang 14. Jh.) stehen. Über die Geschichte Wittenberges informiert das Stadtmuseum in der Alten Burg, einem Fachwerkbau am Ort der historischen Burg in der Putlitzstraße (Mo und Di geschlossen).

Rühstädt

Auf den Dächern Rühstädts versammeln sich alljährlich über 30 Storchenpaare zum Brutgeschäft. So viele kann kein anderes Dorf in Deutschland zählen. Was den Störchen an Rühstädt so sehr gefällt, ist nicht bekannt, vermutlich finden sie in den Flußauen der nahen Elbe genügend Nahrung. Daher die Bitte der Naturschützer, den Deich längs der Elbschleife zu meiden, um die Störche nicht zu vertreiben. Am letzten Juli-Wochenende, wenn der Storchen-Nachwuchs schon recht groß ist, begeht man in Rühstädt das Storchenfest – mit großem Zulauf von Besuchern. Nähere Informationen sind bei der Verwaltung des Naturparks Brandenburgische Elbtalaue in Rühstädt erhältlich (siehe Adressen). Südöstlich von Rühstädt zieht sich eine breite Betonrampe über den Elbdeich: Dort sollten im Kriegsfall Panzer der Sowjet-Armee die Elbe durchqueren.

Havelberg

Im Jahre 948 erklärte Kaiser Otto I. Havelberg zu einem Bistum. Aufgrund des großen Slawenaufstandes nach 983 konnten die Bischöfe aber erst um 1150 am Bistumsort residieren. In der Folgezeit wurde Havelberg zum bedeutendsten Stützpunkt der Ostkoloni-

Im Naturpark Brandenburgische Elbtalaue (links), Storchennest in Rühstädt (rechts)

sation im Havelland und in der Prignitz. Zeuge dieser Entwicklung ist die Domkirche St. Marien, die 1170 als romanischer Kirchenbau mit trutzigem Westturm neu eingeweiht wurde. Nach dem Brand von 1270 erfolgte der Wiederaufbau im Stil der Gotik, Vorbild war die Liebfrauenkirche in Magdeburg. Zur wertvollen Ausstattung gehören: Triumphkreuzgruppe aus der Zeit Ende des 13. Jahrhunderts. Chorgestühl (13. und 14. Jh.), Sandsteinleuchter (um 1300), Lettner (um 1400), Barock-Kanzel (1693) und barocker Hochaltar (um 1700). Im Süden schließt sich das dreiflügelige Stiftsgebäude aus dem 12. Jahrhundert an, der Kreuzgang wurde vermutlich im 13. Jahrhundert errichtet. Dort befindet sich heute das Prignitz-Museum (Mo geschlossen). Weitere Sehenswürdigkeiten sind das spätklassizistische Rathaus, die Stadtkirche St. Laurentius vom Beginn des 15. Jahrhunderts sowie einige schöne Fachwerkhäuser aus dem 17. Jahrhundert. Ungewöhnlich beeindruckend ist das Panorama des inmitten der Havel gelegenen Dombergs vom südöstlichen Ufer. Übrigens ließ der brandenburgische Kurfürst Friedrich Wilhelm nach dem Dreißigjährigen Krieg in Havelberg seetüchtige Schiffe für seine Flotte bauen – ein mühseliges Unterfangen, denn die Schiffsrümpfe mußten auf Flößen und Pontons nach Hamburg geschafft werden.

▶ Altmark

Die Altmark, der älteste Teil der Mark Brandenburg, wird im Norden und Osten von der Elbe begrenzt, stößt im Süden an die Colbitz-Letzlinger Heide, im Norden und Westen an das hannoversche Wendland. Das flachwellige Gebiet besteht aus Grundmoränenplatten mit einigen höheren Endmoränenkuppen. Von Heinrich I. erobert, war das Land eine Grenzmark gegen die Slawen. Unter Albrecht dem Bären kam die Altmark zu Brandenburg. Die Bewohner gelten als heimatbewußt,

Blick über den Elbehafen von Wittenberge

eigenwillig und sprechen das altmärkische Platt. Teil der Altmark ist die Wische von Schnackenburg bis Räbel bei Werben, ein großes Auegebiet. Die von Holländern errichteten Deiche der Wische sollen nicht vor der Elbe schützen, sondern sind »nach innen« gerichtet, zum Aland hin, der das Gebiet regelmäßig überschwemmte. Berühmt sind die dunklen, trutzigen Feldsteinkirchen der Altmark. Ältester Ort ist Werben (1005 gegründet), Zentrum ist Stendal.

Werben
Man sieht es Werben nicht an, daß das kleine Ackerbürgerstädtchen einmal eine eminente strategische Rolle spielte: Von dort aus bot sich der einzige Zugang über die Elbe in die von Sümpfen umgebene Mündung der Havel und zu deren hochgelegenem Nordufer. Zudem kreuzte in Werben eine der Lüneburger Salzstraßen andere Verkehrswege nach Mecklenburg und Pommern. Die erstmals 1005 erwähnte Grenzburg trug dem Rechnung: Hier verhandelte Kaiser Heinrich II. mit den Wenden, hier fanden mehrere Reichstage statt. Sehenswert sind die Stadtkirche St. Johannis (13. Jh.), Reste der Stadtmauer und die ehemalige Schwedenschanze, die im Dreißigjährigen Krieg längs der Elbe errichtet wurde. Mit dem Bau der Straßen- und Eisenbahnbrücke bei Wittenberge wurde der Handel nach Magdeburg an Werben vorbeigeleitet. Das Städtchen (930 Einwohner) sank fast zur Bedeutungslosigkeit herab. Ein Besuch ist trotzdem lohnenswert.

Arneburg
Am Ort einer alten Elbfurt von Stendal nach Havelberg liegt Arneburg. Vom Burgberg – die vermutlich »Harneburg« genannte alte Festung war eine der bedeutendsten Bastionen der östlichen Altmark gegen die Slawen – hat man einen ausgezeichneten Blick auf die tiefer gelegene Elbe. Im Dreißig-

Weidendes Vieh in den überschwemmten Elbtalauen bei Wittenberge

jährigen Krieg häufig besetzt und verwüstet, zerstörte der Großbrand von 1767 Arneburg fast völlig. Die nach 1767 errichteten Fachwerkhäuser sind als geschlossenes Ensemble erhalten und verleihen dem touristisch vollkommen unerschlossenen Städtchen eine liebreizende Note.

Tangermünde

Man hat Tangermünde, die Stadt mit dem sprechenden Namen, gelegentlich »Rothenburg an der Elbe« genannt. In der Tat glänzt die Kleinstadt mit einem geschlossenen mittelalterlichen Stadtbild, das im Panorama vom Elbufer aus seinen Höhepunkt findet. – Die Askanier bauten die alte slawische Grenzfeste im 12. Jahrhundert zur bedeutendsten Bastion der Mark Brandenburg aus. Kaiser Karl IV. erhob im Jahre 1373 Tangermünde – neben Prag – zu seiner Nebenresidenz, was der Stadt starken Auftrieb gab. Im Dreißigjährigen Krieg wurde die Festung fast völlig zerstört, erhalten sind nur Teile der Ringmauer, der Bergfried und die Kanzlei. Die Pfarrkirche St. Stephan, Ende des 12. Jahrhunderts begonnen, war ursprünglich als Dom geplant. Der Ausbau zur gotischen Hallenkirche erfolgte im 14. und 15. Jahrhundert. 1712 bekam der Nordturm einen barocken Turmhelm, seither hat St. Stephanus mit 94 m den höchsten Kirchturm der Altmark. Sehenswert im Innern sind spätgotische Wandmalereien, die Kanzel von 1619, der großartige Altaraufbau von 1705 sowie die Orgel (1624, Hans Scherer d. J.). Zweiter Blickfang ist das Rathaus (um 1430, vermutlich von dem Stettiner Baumeister Hinrich Brunsberg), dessen Ostfassade von 1430 einen der Höhepunkte norddeutscher profaner Backsteingotik darstellt. Dort ist das Heimatmuseum untergebracht (Mo geschlossen), in dem Schiffsmodelle, ein Modell Tangermündes um 1640 und alte Stadtansichten gezeigt werden.

Neustädter Tor in Tangermünde (links), Blick zum Dom von Havelberg (rechts oben), Pferdemarkt in Havelberg (rechts unten)

Alte Erde, junger Strom

Die Altmark endet südlich von Tangermünde. Es folgt ein Gebiet, das weder zur Altmark noch zur Colbitz-Letzlinger Heide gehört. Das hohe Elbufer, eine Geestplatte, wurde vor etwa 150 000 Jahren von der vorletzten Kaltzeit geschaffen. Damals floß der Schmelzwasserstrom, aus dem die Elbe entstand, noch bei Magdeburg in Richtung heutige Weser-Mündung. Bei Hohenwarthe brach der Strom dann viel später nach Norden durch und machte die Havel, die weniger Wasser führte, zu seinem Nebenfluß. Alte Erde, junger Strom – so könnte man dazu sagen.

Die Elbhänge in diesem namenlosen Landstrich sind wunderschön. Es lohnt sich, in den Dörfern die Räder abzustellen und zur Elbe hinunterzugehen, vor allem in Polte und Kehnert. Bei Burg, am gegenüberliegenden Elbufer, führt der Radweg durch die westlichen Ausläufer des Flämings nach Magdeburg, Hauptstadt von Sachsen-Anhalt.

Dieser Abschnitt des Elbe-Radwanderwegs ist 76 km lang, führt bis Rogätz (Fähre) durch recht einsames Gebiet und kreuzt dann bei Magdeburg die Elbe ein zweites Mal.

Möwen über der Elbe und Blick zu den Häusern von Magdeburg

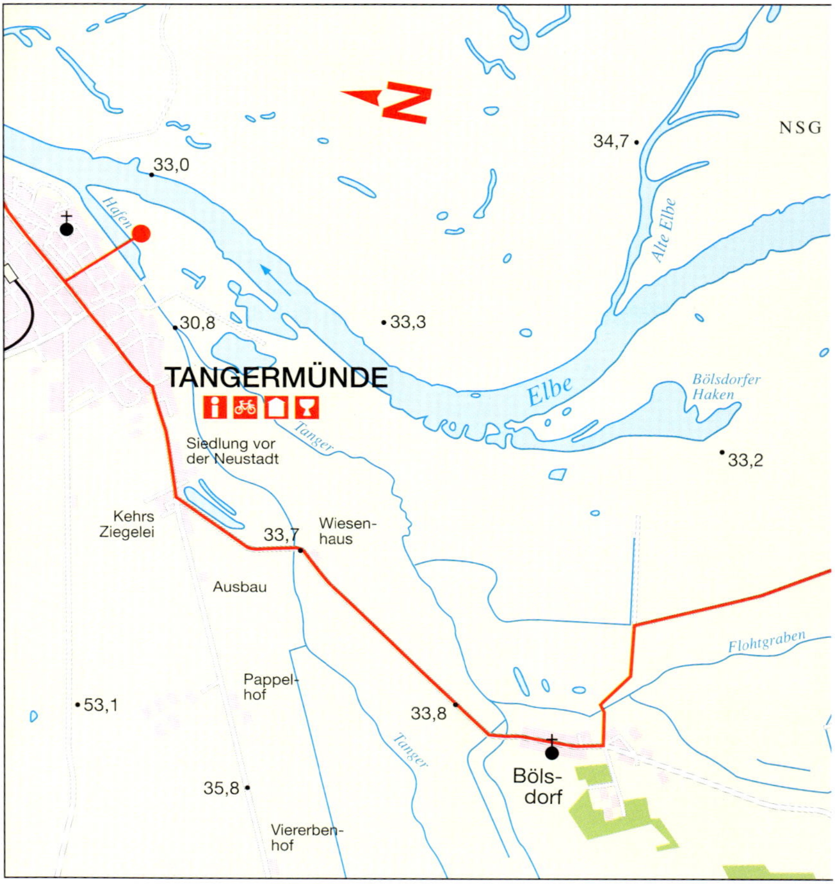

Die Strecke

Länge: 15 km.
Wege: Ortsstraße, Landstraßen ohne Radwege, Feldweg, Pflasterstrecken in den Dörfern.
Steigungen: Geringe Steigung in Tangermünde.
Verkehr: Gering, mit Ausnahme von Berufsverkehr.
Markierung: Keine.
Gesamteindruck: Der Elbe-Radwanderweg verläßt südlich von Tangermünde die Altmark und verläuft auf dem von der Eiszeit geschaffenen hohen Ufer der Elbe.

Tangermünde – Bölsdorf 5 km
Zwei Abstecher bieten sich von Tangermünde aus an: nach ▶ **Jerichow** mit der berühmten Klosterkirche (über die Elbe, Straße über Fischbeck) und nach ▶ **Stendal**, Zentrum der Altmark (Straße über Heeren). In Tangermünde radeln wir vom Neustädter Platz in Richtung Tangerhütte auf der Magdeburger Straße, dann auf der Lüderitzer Straße.
Nach etwa 1,5 km biegt links die Landstraße ab nach Tangerhütte und Bölsdorf. Unterwegs überquert man die Tanger, einen an dieser Stelle kaum 6 m breiten Fluß. Über eine Allee geht es nach Bölsdorf.

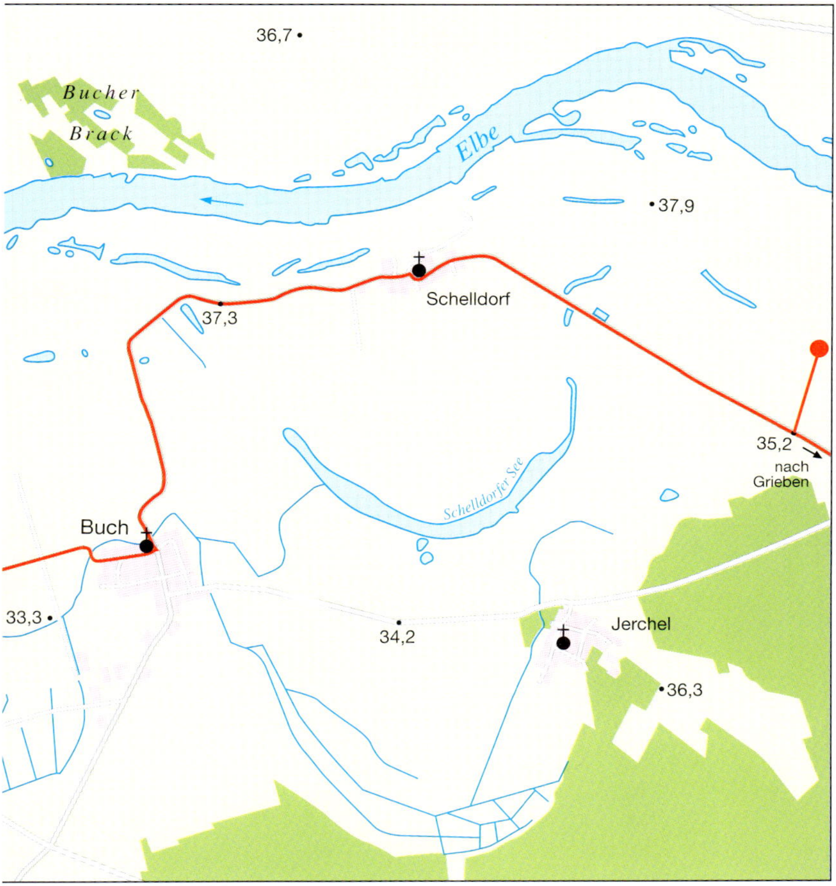

Bölsdorf – vor Grieben _______ 10 km

In Bölsdorf biegt man am Trafo-Häuschen links in einen Pflasterweg ein. Rechts halten, auf einem breiten Feldweg (evtl. schlammig bei Regen) geht es dann nach Buch. Nach 500 m biegt der Radweg rechts ab, man fährt nun auf einem Betonweg auf einen einzelnstehenden Baum und einen Kirchturm zu. In Buch links halten, auf einer Pflasterstraße fährt man an der Kirche vorbei, dahinter geht es links weiter über eine schöne Obstbaumallee nach Schelldorf. Der Elbdeich und der ▶ **Schelldorfer See** sind gut zu sehen. Von Schelldorf radelt man über eine Obstbaumallee nach Grieben.

INFOS

Auskünfte
Tourist-Information, Marktstr. 13, 39590 Tangermünde, Tel. 03 93 22/37 10

Fahrradverleih
W. Klauschies, Arneburger Str. 95, 39590 Tangermünde, Tel. 03 93 22/32 82

Unterkunft und Restaurant
Galerie Ludwig, Neustädter Platz, 39590 Tangermünde, Tel. 03 93 22/38 67

Unterkunft
Reiterhof R. Albrecht, Breite Str. 33, 39517 Buch, Tel. 03 93 62/5 36

Bahnanschluß
Stendal, Tangermünde (Hämerten)

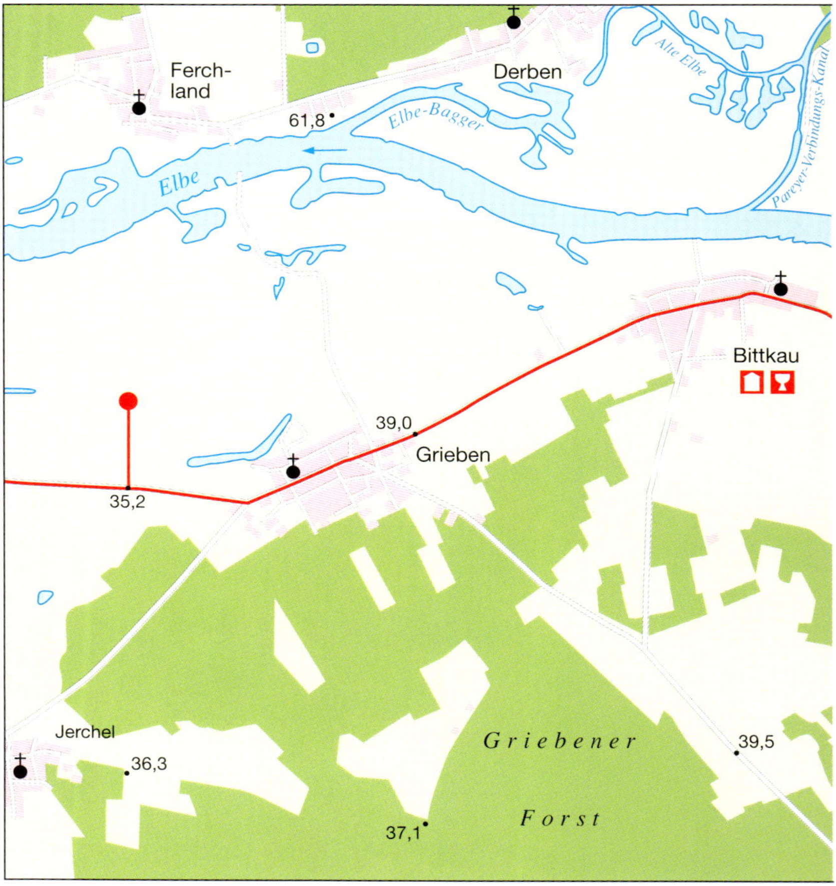

Die Strecke

Länge: 11 km.
Wege: Holprige Dorfstraßen, gute Landstraßen, zum Teil mit Radwegen.
Steigungen: Einige mäßige, langgestreckte Steigungen.
Verkehr: Tageszeitlich sehr unterschiedlich (Berufsverkehr).
Markierung: Keine.
Gesamteindruck: Ruhige Strecke über die Dörfer am westlichen Elbeufer. Schöner Ausblick vor Polte über die Elbschleife bei Parey.

Grieben – Bittkau 5 km

Man radelt auf einer guten Asphaltstraße durch Grieben, links steht eine alte, gedrungene Feldsteinkirche mit Querdach. Geradeaus, dann halb links fährt man nach Bittkau. Neben der Straße nach Bittkau verläuft ein schöner Radweg, rechts steht dunkler Wald.

Bittkau – Ringfurth 6 km

In Bittkau – hier hemmt eine Pflasterstrecke das Tempo – steht ebenfalls eine alte Feldsteinkirche. Auf der Ernst-Thälmann-Straße (geradeaus halten) geht es weiter nach Polte, diesmal ohne Radweg. Unterwegs ist zunächst nichts von der Elbe zu sehen. Junge Al-

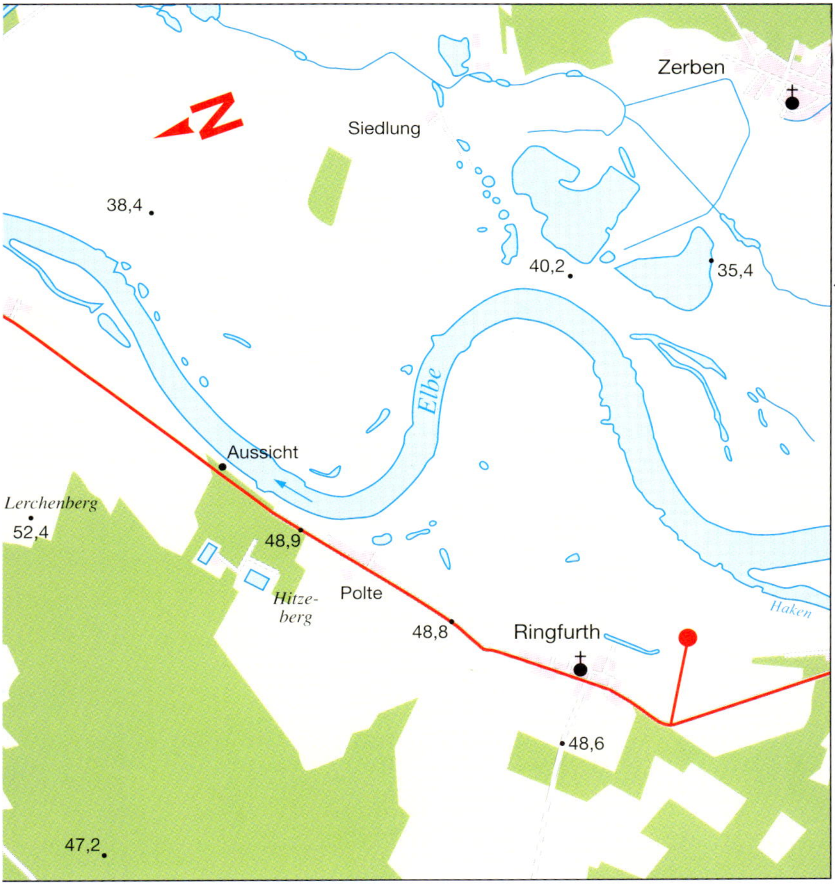

leebäume säumen die Straße, man radelt auf einen Wald zu. In einer scharfen Linkskurve geht es bergab. 300 m vor Polte führt links ein kurzer Weg in den Wald zu einem Kerbtal, 12 m über der Elbe. Der Strom macht hier eine große Biegung, die Aussicht auf die weite Elblandschaft ist grandios. Bei Hochwasser wird hier die Elbe zur »Wolga«. Am Ortsschild verläuft ebenfalls ein Weg zum Hochufer hinab. Bis 1989 haben die Truppen des Warschauer Pakts bei Polte die Elbüberquerung geübt. Im Dorf stehen die Häuser auf der Elbseite, rechts ist alles frei. Nach 2 km ist das Dorf Ringfurth erreicht.

INFOS

Auskünfte
Tourist-Information, Marktstr. 13, 39590 Tangermünde, Tel. 03 93 22/37 10

Fahrradverleih
W. Klauschies, Arneburger Str. 95, 39590 Tangermünde, Tel. 03 93 22/32 82

Unterkunft
Dieter Kühle, Hohe Angerstr. 19, 39517 Bittkau, Tel. 03 93 62/5 46

Restaurant
Grillbar, Ernst-Thälmann-Str. 69, 39517 Bittkau, Tel. 03 93 62/2 48 (privat), Öffnungszeiten. 11–13 Uhr, 16 Uhr – abends

Bahnanschluß Tangerhütte

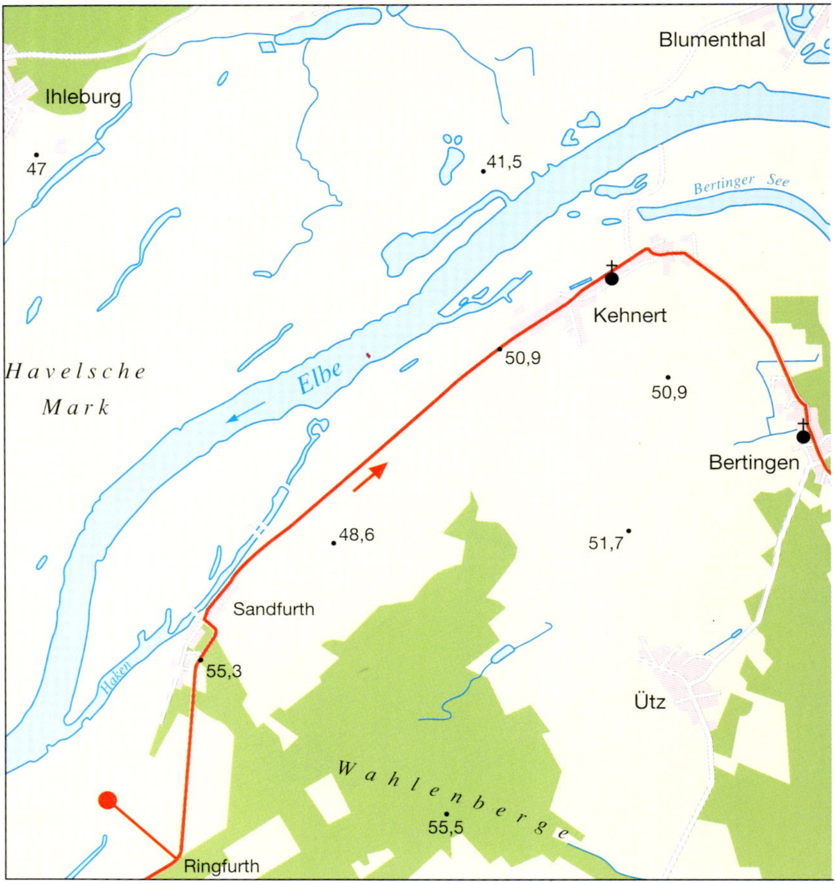

Die Strecke

Länge: 14 km.
Wege: Straße, Radwege; es besteht die Wahl zwischen dem sehr holprigen Sandweg Bertingen – Sandkrug (1,5 km) und der Straße Bertingen – Mahlwinkel – Zibberick – Sandkrug (9 km).
Steigungen: Mäßige Steigungen.
Verkehr: Tageszeitlich verschieden, Berufsverkehr.
Markierung: Keine.
Gesamteindruck: Stille Landschaft, die vor allem aufgrund verschiedener Ausblicke und Abfahrten zur Elbe reizvoll ist.

Ringfurth – Bertingen 7 km

Von Ringfurth fährt man auf einem neuen Radweg leicht bergab nach Sandfurth. Wo der Radweg abbiegt, radeln wir auf der Straße weiter. Eine Umgehungsstraße führt am Ort vorbei. Am Trafo-Häuschen in Sandfurth geht es links, dann rechts weiter nach Kehnert. Vom Elbhang bieten sich mitunter schöne Ausblicke. Direkt hinter dem Dorf sieht man links zwei Panzerstraßen, die zur Elbe hinabführen. Auch Kehnert liegt am Hochufer; es gibt mehrere Abgänge zur Elbe, man hat von verschiedenen Punkten einen schönen Blick auf den Strom. Eine Allee führt weiter nach Bertingen.

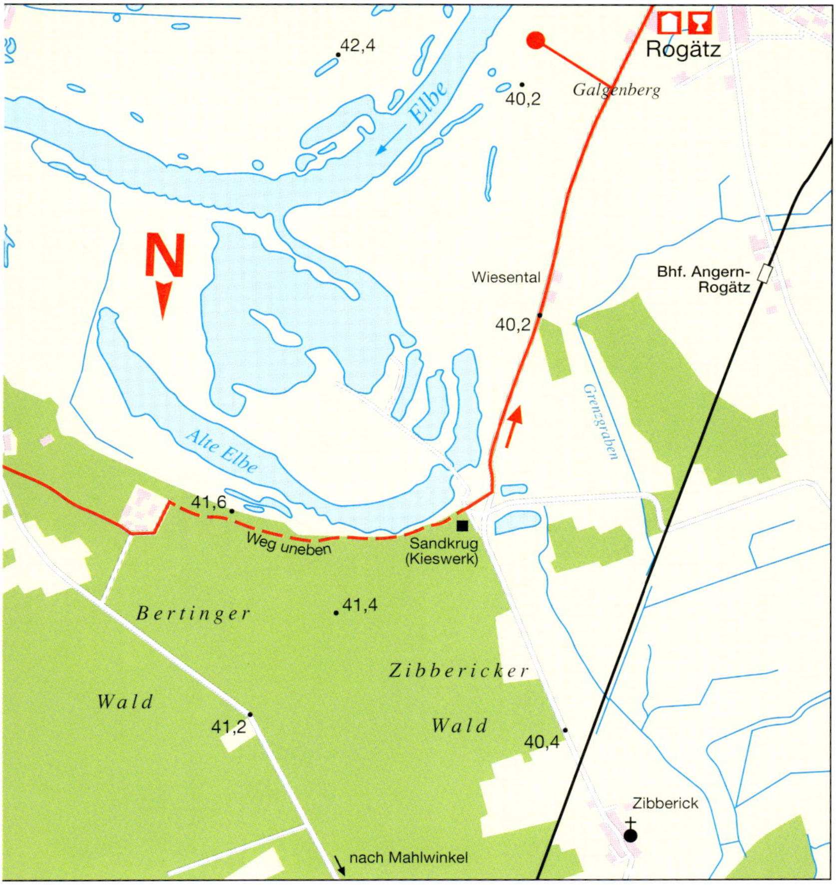

Bertingen – Rogätz ____________ 7 km

In Bertingen geht es an der Feldsteinkirche vorbei: Wo rechts die Straße nach Tangerhütte abbiegt (geradeaus nach Mahlwinkel), geht links der Elbe-Radwanderweg hinunter zum Strom. Wir fahren durch den Wald bergab, hinter einer Feriensiedlung geht es links ab, am blauen Zaun entlang, zur Elbe, dann rechts am Altarm der Elbe entlang auf einem holprigen Sandweg. Beim Kieswerk fahren wir rechts zur Straße, dann links nach Rogätz. In der Dorfmitte kommt man links zur Autofähre (Pause 11.45–13.00 Uhr), geradeaus (Richtung Loitsche) erreicht man den ▶ **Elbhang bei Rogätz**.

INFOS

Auskünfte
Fremdenverkehrsverein Colbitz-Letzlinger Heide e.V., Kirchplatz, 39326 Colbitz, Tel. 03 92 07/8 06 91

Restaurant
Feldschlößchen, Tangermünder Str. 35, 39326 Rogätz, Tel. 03 92 08/83 46

Unterkunft
Manfred Braune, Steinobststr. 58, 39326 Rogätz, Tel. 03 92 08/84 04

Bahnanschluß
Burg, Wolmirstedt

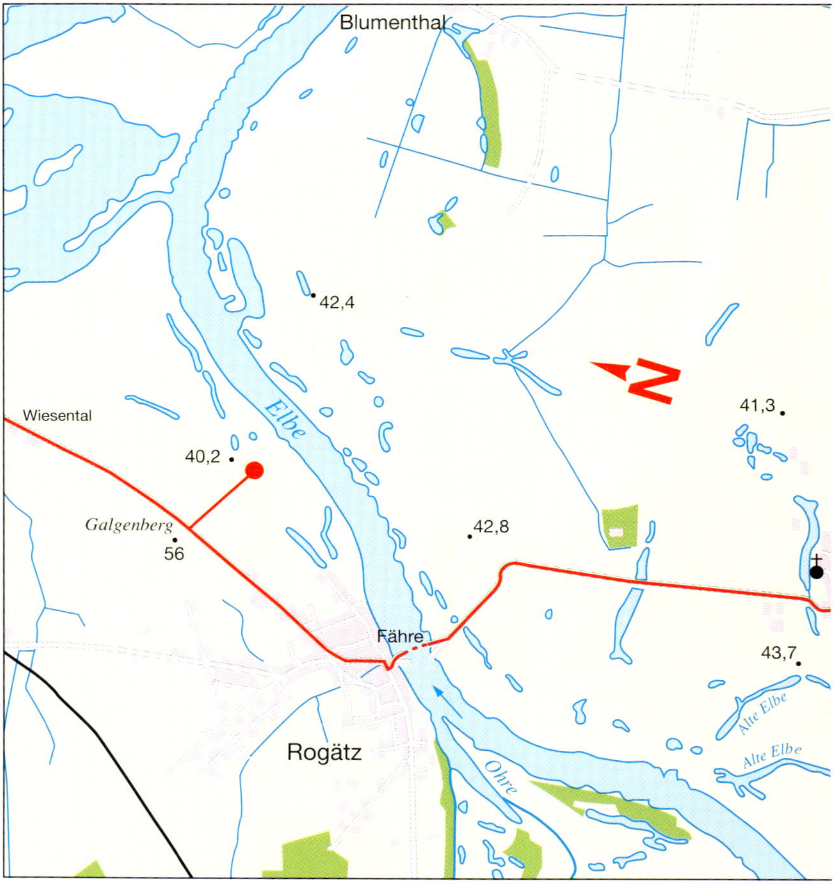

Die Strecke

Länge: 14 km.
Wege: Land- und Ortsstraßen, Radwege.
Steigungen: Keine.
Verkehr: Zeitweise reger Verkehr um Burg.
Markierung: Örtliche Radwegweiser bei Burg.
Gesamteindruck: Nach der Überquerung der Elbe verläuft der Radweg aus der Flußniederung nach Burg an den Ausläufern des Westfläming, anschließend entlang der Bahnlinie in Richtung Magdeburg.

Rogätz – Burg __________ 9,5 km
Auf einer Pflasterstraße geht es von der Fähre auf den Elbdeich zu. Man radelt durch die Flußniederung der Elbe auf einer Betonstraße (Obstbaumallee) nach Schartau. Auf der Fahrt nach dem 3 km entfernten Burg überquert man den Elbe-Havel-Kanal, der bereits den Verkehrsknotenpunkt Burg ankündigt. In ▶ **Burg** radeln wir auf der Niegripper Chaussee geradeaus über die Bahngleise, am Beginn der Bahnhofstraße führt der Elbe-Radweg rechts durch die Friedensstraße weiter. An deren Ende geht es rechts in die August-Bebel-Straße. Auf der Bahnhofstraße geradeaus kommt man ins Zentrum.

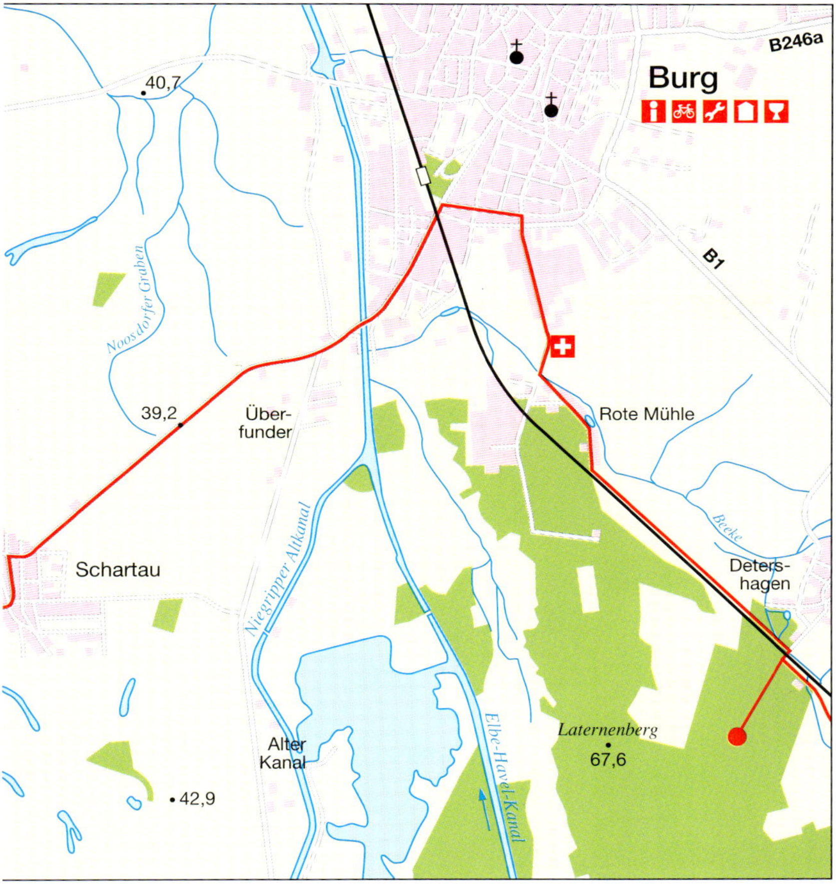

Burg – Detershagen _________ 4,5 km
Ins Zentrum radelt man auf der Bahnhofstraße weiter und biegt links in die Blumenthaler Straße ein. Entweder man fährt kurz darauf rechts in die Grünstraße oder erst ein Stück weiter in die Straße »Kreuzgang« – und ist in der Mitte von Burg.
Um wieder Anschluß an den Elbe-Radwanderweg zu bekommen, fährt man von der Ortsmitte, etwa von der Schartauer Straße, auf der Magdeburger Straße und der August-Bebel-Straße, vorbei am Krankenhaus, stadtauswärts. Bei einer Telefonzelle biegen wir links in die Straße »Rote Mühle« ein und fahren geradeaus weiter nach Magdeburg.

INFOS

Auskünfte
Burg-Information, Schartauer Str. 10, 39288 Burg, Tel. 0 39 21/68 95

Fahrradwerkstatt
Heiko Persch, Schartauer Str. 24, 39288 Burg, Tel. 0 39 21/98 79 37

Restaurants
Gaststätte Zum Fläming, Neuenzinnen 2, 39288 Burg, Tel. 0 39 21/22 76
Pavillon am See, Rote Mühle 8, 39288 Burg, Tel. 0 39 21/98 83 53

Bahnanschluß
Burg

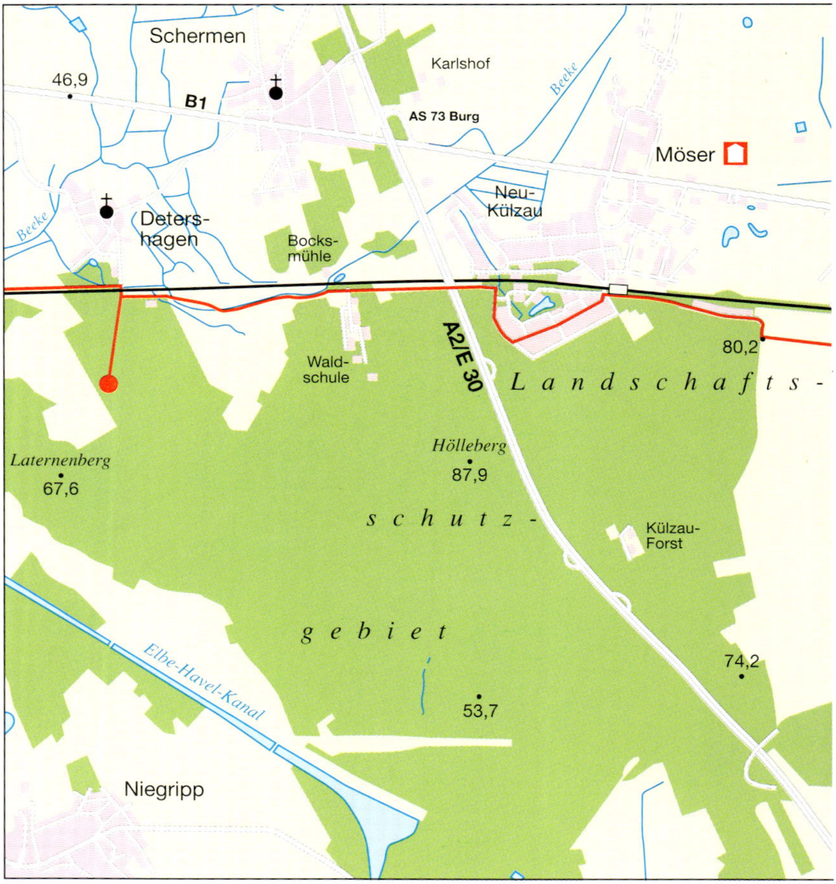

Die Strecke

Länge: 10 km.
Wege: Ortsstraßen, gute Radwege.
Steigungen: Keine.
Verkehr: Gering.
Markierung: Örtliche Radwegweiser.
Gesamteindruck: Durch die Ausläufer des Westflämings, eines bewaldeten Gebiets, führt der Elbe-Radwanderweg in Richtung Detershagen, begleitet von den Bahngleisen.

Detershagen – Möser ______ 3 km
Immer an den Gleisen der Bahnlinie Magdeburg – Brandenburg entlang, kommen wir nach Detershagen hinein. Am Ortsanfang halten wir uns rechts, fahren am Forstamt vorbei, unterqueren die Bahnbrücke und fahren dann links am Bahndamm in Richtung Magdeburg weiter. Links erreicht man durch eine weitere Bahnunterführung die Gaststätte »Bocksmühle« vom Typ einer rustikalen Bauernstube. Wir bleiben auf dem gut ausgebauten Radweg (links verläuft der Bahndamm) und fahren unter der Autobahnbrücke (A 2) hindurch weiter bis zur Ortschaft Möser.

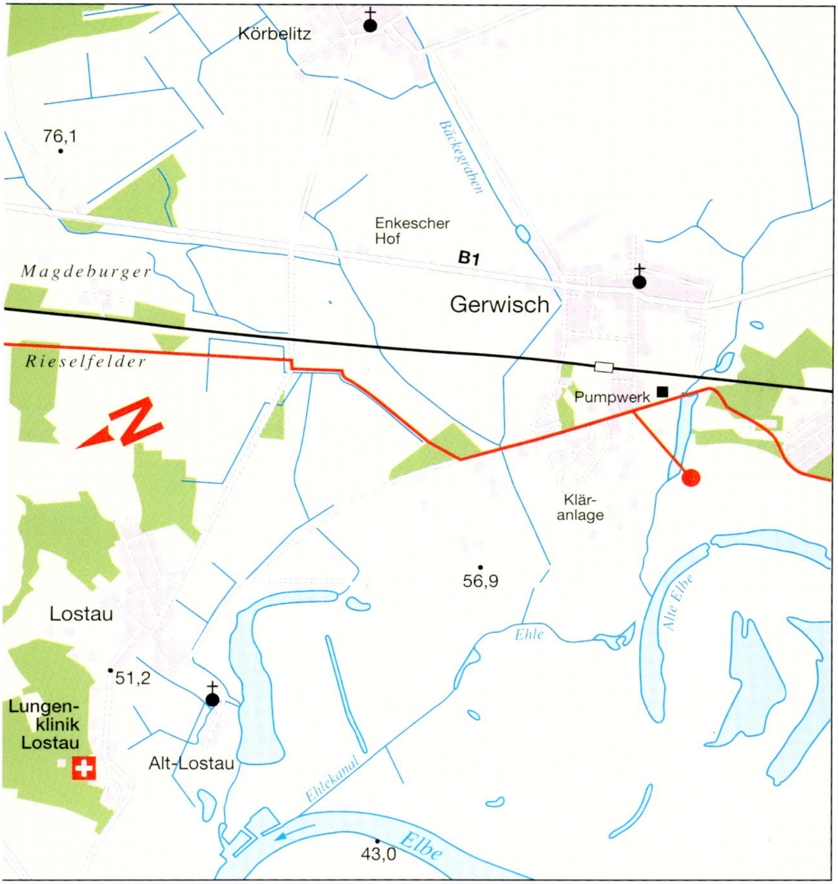

Möser – Gerwisch _____________ 7 km
In Möser hat man Gelegenheit, in Götzes Gasthof »Tannengrund« zu übernachten oder zu rasten (rechts in den Ort fahren). Der Radweg am Bahndamm beschreibt einen Schwenk durch die Ortschaft hindurch und führt nach links wieder zum Bahndamm. Durch eine flachwellige Wald- und Wiesenlandschaft fahren wir, immer in Nähe des Bahndammes, weiter in Richtung Magdeburg. Rechts des Weges liegt das Landschaftsschutzgebiet »Zuwachs-Külzauer Forst«. An der Straße nach ▶ **Alt-Lostau** angekommen, halten wir uns wenige Meter rechts, dann geht es links weiter nach Gerwisch.

INFOS

Auskünfte
Burg-Information, Schartauer Str. 10, 39288 Burg, Tel. 0 39 21/68 95

Fahrradwerkstatt
Heiko Persch, Schartauer Str. 24, 39288 Burg, Tel. 0 39 21/98 79 37

Fahrradverleih
siehe Götzes Gasthof »Tannengrund«

Unterkunft und Restaurant
Götzes Gasthof »Tannengrund«, Ilsenweg 24, 39291 Möser, Tel. 03 92 22/22 78

Bahnanschluß
Burg

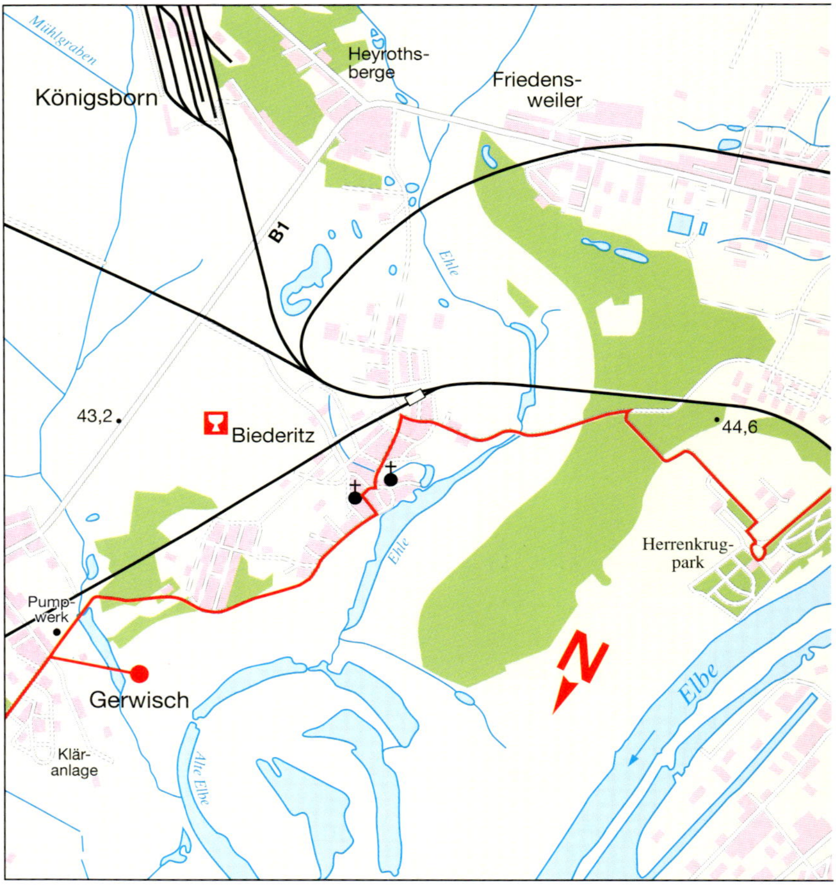

Die Strecke

Länge: 12 km.
Wege: Orts- und Landstraße, Parkwege.
Steigungen: Gering.
Verkehr: Gering, mit Ausnahme in Magdeburg.
Markierung: Örtliche Radwegweiser.
Gesamteindruck: Ruhige Radwegstrecke mit vereinzelten Ortsdurchfahrten und Straßenquerungen. Vor der letzten Elbquerung Fahrt durch den schönen Herrenkrugpark in Magdeburg.

Gerwisch – Herrenkrugpark (Magdeburg) ________ 6 km

In Gerwisch radeln wir geradeaus durch den Ort, überqueren die verkehrsreiche Hauptstraße und fahren geradeaus am Pumpwerk vorbei in Richtung Biederitz. Dort angekommen, geht es auf der Lostauer Straße nach Süden, rechts liegt der Biederitzer See. Dann biegen wir links in die Breite Straße ein und halten uns in Höhe der Kirche rechts. Auf der Bahnhofstraße radeln wir nach Süden, dann rechts ab in die Herrenkrugstraße. Auf der Magdeburger Straße verlassen wir den Ort. Etwa 700 m hinter dem Biederitzer See radeln wir rechts ab durch den Biede-

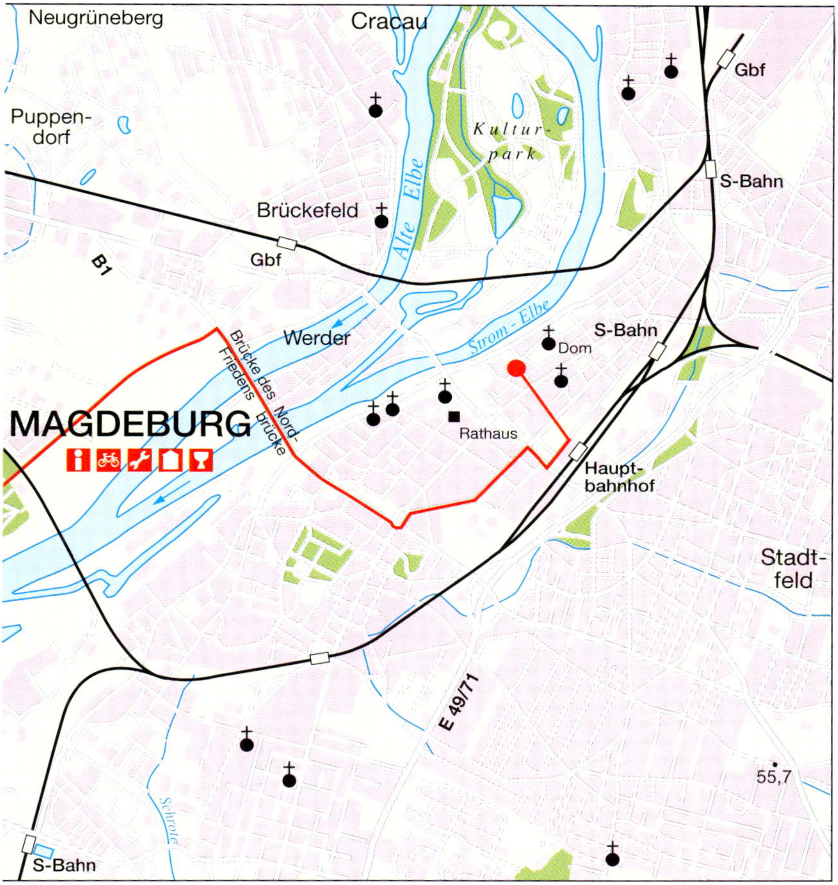

ritzer Busch zum Herrenkrugpark in ▶ **Magdeburg**.

Herrenkrugpark – Zentrum Magdeburg _______________ 6 km

Durch eine Allee kommen wir ins Zentrum des Herrenkrugparks. Am Rondell halten wir uns links und fahren auf der Herrenkrugstraße bis zur Jerichower Straße (B 1, mit Radweg). Wir fahren rechts weiter, überqueren die Alte Elbe und die Stromelbe (Nordbrücke) und fahren geradeaus auf der Walther-Rathenau-Straße bis zum Universitätsplatz. Auf der Erzbergerstraße und der Otto-von-Guericke-Straße gelangt man links zum Hauptbahnhof.

INFOS

Auskünfte
Magdeburg-Information, Alter Markt 9, 39104 Magdeburg, Tel. 03 91/5 41 47 04

Fahrradverleih
Zweirad-Schulz, Frankefelde 1, 39116 Magdeburg, Tel. 03 91/60 12 61

Fahrradgeschäft und -reparatur
Schneider, Heinrichplatz 3-4, 39124 Magdeburg, Tel. 03 91//22 28 82

Unterkunft
Hotel Herrenkrug, Herrenkrugstr. 194, 39114 Magdeburg, Tel. 03 91/85 08-0

Bahnanschluß
Gerwisch, Magdeburg Hbf.

▶ Jerichow (Abstecher)

In dem Landstädtchen Jerichow steht der bedeutendste romanische Backsteinbau östlich der Elbe. Die Klosterkirche St. Marien und Nicolai, in der zweiten Hälfte des 12. Jahrhunderts erbaut, ist der einzige vollständig erhaltene romanische Backsteinbau im Norden Deutschlands. Das Prämonstratenserstift, 1144 vom Magdeburger Liebfrauenkloster gegründet, betrieb vor allem die Slawenmission. Die nach 1150 errichtete Klosterkirche ist eine kreuzförmige dreischiffige Basilika. Im Jahre 1178 wurde unterhalb des Chors eine zweischiffige Krypta angelegt, deren Kapitelle in Norddeutschland seltene Verzierungen zeigen. Das Westportal ist reich gestaltet. Sehenswert im Innern sind: ein Sandsteinaltar, ein Osterleuchter (um 1170), eine Sandsteintaufe (13. Jh.). Das Klostermuseum ist täglich von 10–16 Uhr geöffnet.

▶ Stendal (Abstecher)

Stendal (früher »Steinedal«) ist das Zentrum der Altmark. Am Kreuzungspunkt mehrerer Handelsstraßen gelegen, stieg Stendal im 15. Jahrhundert zur bedeutendsten Stadt der Mark Brandenburg auf, wurde aber im 17. Jahrhundert – wie die gesamte Altmark – politisch fast bedeutungslos. Sehenswert ist die Hauptpfarrkirche St. Marien, die mit dem Rathaus und dem Markt ein hervorragendes Ensemble bildet.

In St. Marien sollte man die Marientiden-Kapelle sowie den zweiflügeligen Hochaltar beachten, im Rathaus das Kagelwitzimmer (Trauzimmer)) und die Ratsstube. Vor dem Laubenflügel steht ein 7,80 m hoher Roland, Wächter über die Markthoheit Stendals, eine Nachbildung der Figur von 1525. Im Süden der Altstadt lohnt es sich, den Dom St. Nikolai sowie das Katharinenkloster zu besichtigen.

▶ Schelldorfer See

Der Schelldorfer See westlich von Schelldorf ist aus einer alten Elbschlei-

Romanische Klosterkirche von Jerichow (links), Roland-Statue vor der Gerichtslaube des Rathauses in Stendal (rechts)

fe entstanden, wie man bis heute an der charakteristischen Halbrundform erkennen kann. Der etwa 4 km lange und 250 m breite Altarm ist nach Osten offen, der ehemalige Prallhang im Westen ist nur noch als Erhöhung von etwa 1 m zu erkennen. Seit etwa 200 Jahren von der Elbe abgeschnitten, verlandet das etwa 1 m tiefe Gewässer immer mehr. In den dichten Röhrichtbeständen brüten Rohrweihe und die Große Rohrdommel sowie verschiedene Rallenarten.

▶ Elbhang bei Rogätz

Südlich von Rogätz, am Talrand der Elbe-Ohre-Niederung, liegt ein seltener Hangrestwald. Markanter Teil des Steilhangs ist der 68 m hohe Weinberg, eine Endmoräne, die von der Elbe bzw. Ohre angeschnitten wurde. Man findet dort einen naturnahen Wald mit Hainbuchen und Feldulmen, alten Stieleichen und Winterlinden. Unterhalb des Steilhangs liegt im Ostteil ein Rest alten Auwaldes mit Flatterulme, Feldulme und Esche. Im Westen gibt es ein seltenes Hangquellmoor.

▶ Burg

Die Stadt liegt am Schnittpunkt wichtiger Verkehrswege, die bis heute ihre Bedeutung behalten haben. Die seit 948 nachweisbare Festung an der Ihle konnte als einer der wenigen Stützpunkte im großen Slawenaufstand 983 gehalten werden. Um den Fischmarkt liegt die ursprüngliche slawische Siedlung. Die Oberstadt rechts der Ihle, der Festung am nächsten, zeigt unregelmäßige Straßenführung, während die Unterstadt links der Ihle regelmäßig bebaut wurde. Die Oberkirche »Unser Lieben Frauen« hat eine romanische, aus Bruchsteinen gemauerte doppeltürmige Westfront, der Chor wurde Mitte des 14. Jahrhunderts gotisch erneuert. Im Innern sind sehenswert: der mächtige Renaissance-Altaraufsatz (1607) und das Epitaph für Bürgermeister Rudolph, beide von dem Magdeburger Michael Spieß geschaffen. Auch in der 1186 erstmals erwähnten Unter-

Das Tangermünder Tor in Stendal, Sachsen-Anhalt

kirche »St. Nikolai« findet sich mit der Sandsteinkanzel (1610) ein Werk des Künstlers Michael Spieß.

Alt-Lostau

Otto I. schenkte das Dorf *Loztoue*, im Jahre 973 erstmals erwähnt, dem Magdeburger Erzstift. Der seinerzeit in der Urkunde erwähnte Burgward liegt vermutlich 1 km südlich des Ortes auf einer flachen Düne an der Alten Elbe. Die romanische Kirche aus Feldsteinen stammt aus der Mitte des 12. Jahrhunderts, der volkstümlich gehaltene Flügelaltar wurde in der zweiten Hälfte des 17. Jahrhunderts gefertigt.

Magdeburg

Magdeburg, im Jahre 805 erstmals erwähnt, ist die älteste deutsche Stadt an der Elbe. Otto I. erklärte die verkehrsgünstig an einer Furt und mehreren Fernhandelsstraßen gelegene Stadt zum Zentrum des neuen deutsch-römischen Reiches. Nach seiner Krönung zum Kaiser erhob Otto I. Magdeburg zum Sitz eines neuen Erzbistums, dessen Aufgabe die Christianisierung des ostelbischen Raumes sein sollte. Bei der Eroberung durch Wallensteins Truppen fanden von über 30 000 Einwohnern etwa 20 000 den Tod. Bürgermeister Otto von Guericke baute Magdeburg wieder auf: Von ihm sind die »Magdeburger Kugeln« überliefert, zwei luftleere Halbkugeln, die selbst von 16 Pferden nicht auseinandergezogen werden konnten.

Bedeutendste Sehenswürdigkeit ist der **Dom St. Moritz und Katharinen**, eine dreischiffige, kreuzförmige Gewölbebasilika mit Hochchor und Chorumgang, der erste gotische Dombau auf deutschem Boden. An dem Bauwerk lassen sich die Schwierigkeiten bei der Übernahme des französischen Kathedralsystems gut erkennen: So ist der Unterbau des Chorumgangs spätromanisch, der Hochchor dagegen frühgotisch. Von der ottonischen Anlage vor dem Brand von 1207 sind nur die Kryp-

Marktplatz mit dem »Magdeburger Reiter« (links), im Magdeburger Dom (rechts)

ta nördlich der Marienkapelle und einige Gewölbejoche erhalten. Im Chor befindet sich das Grab Kaiser Ottos I., des Schöpfers des Heiligen Römischen Reiches deutscher Nation. Von den zahlreichen Kunstschätzen im Innern des Doms beachte man die Statuen der klugen und törichten Jungfrauen in der Paradiesvorhalle und die Figuren der heiligen Katharina und des heiligen Moritz – Beispiele der Magdeburger Bildhauerwerkstatt, die europäischen Rang erreichte. Zu ihren Werken gehört auch der **»Magdeburger Reiter«** aus dem 13. Jahrhundert, neben dem Dom das wichtigste Wahrzeichen der Stadt. Die Gruppe auf dem Alten Markt vor dem Rathaus zeigt einen Herrscher zu Pferde, umrankt von zwei Jungfrauen, die an den Namen der Stadt (Mägdeburg) erinnern. Die Standbildgruppe ist ein Bronzenachguß, das Sandstein-Original steht im **Kulturhistorischen Museum** der Stadt in der Otto-von Guericke-Str. 68–73 (montags geschlossen). Das **Rathaus** am Alten Markt steht auf den Mauern des mittelalterlichen Ratskellers, der 1631 zerstört wurde. Das Bauwerk wurde kurz darauf wieder errichtet und erhielt Ende des 17. Jahrhunderts eine Barock-Fassade, die Hauptmann Heinrich Schmutze, Erbauer der Zitadelle, entworfen hatte. Das heutige Aussehen des Rathauses entstand bei Restaurierungsarbeiten in den 1960er Jahren. 1970 schuf Heinrich Apel die Bronzetür, deren 14 Reliefplatten berühmte Persönlichkeiten zeigen, die mit Magdeburg verbunden sind, allen voran Kaiser Otto I., Eike von Repkow, Verfasser des Sachsenspiegels, und Till Eulenpiegel, dem auf dem Markt ein eigener Brunnen gesetzt wurde.
Weitere bedeutende Sehenswürdigkeiten sind die Stadtpaläste am Domplatz, das Kloster »Unser Lieben Frauen« (das älteste erhaltene Bauwerk Magdeburgs), die Stiftskirche St. Sebastian und der Herrenkrugpark.

Magdeburg: Eulenspiegelbrunnen (links), Kloster »Unser Lieben Frauen« (rechts oben), Radfahrer im Rothehornpark (rechts unten)

Die Elbe

Die Elbe, Deutschlands zweitgrößter Fluß, entspringt in mehreren Quellflüssen am südlichen Riesengebirgskamm nahe der tschechisch-polnischen Grenze, durchfließt das weite Böhmische Becken, vereinigt sich bei Melnik mit der wesentlich größeren Moldau, durchschneidet das Böhmische Mittelgebirge und durchbricht zwischen Tetschen (Děčin) und Pirna auf dramatische Weise das Elbsandsteingebirge. Bei Schmilka an der deutsch-tschechischen Grenze hat der Fluß bereits etwa 370 km zurückgelegt, ein Drittel des Gesamtlaufs. Hinter dem Elbsandsteingebirge tritt der Strom in die Dresdner Elbtalweitung ein. Bei Riesa, wo die Elbe in das Norddeutsche Tiefland einfließt, beginnt der weitaus gemächlichere Mittellauf. Zwischen der Magdeburger Börde im Westen und dem Fläming im Osten erreicht die Elbe Magdeburg. Noch gegen Ende der letzten Kaltzeit vor rund 10 000 Jahren floß der Strom von dort nach Nordwesten durch das Ohre-Aller-Weser-Urstromtal und mündete wie die Weser in die Nordsee. Dann aber brach die Elbe beim Magdeburger Tor zwischen Rothensee und Hohenwarthe durch den Höhenzug des westlichen Fläming und der Letzlinger Heide, schnitt auf ihrem Weg nach Norden die hohen Geestplatten der Altmark an und erreichte das Berliner Urstromtal, in dem die Havel zur Nordsee strömte. Seither nimmt die Elbe, die die kleinere Havel zu ihrem Nebenfluß machte, den bekannten Lauf nach Nordwesten.

Bei Havelberg, an der historischen Havel-Mündung, beginnt eine neue Landschaft, die untere Mittelelbe, die sich bis Lauenburg erstreckt. Die Geestplatten der Saale-Eiszeit treten zurück und geben dem zwischen 7 und 15 km breiten Urstromtal Raum, in dem vereinzelte Moränenkuppen (Höhbeck, Klötzie) wie kleinere Mittelgebirge aufragen. Die Landschaft zeigt im Querschnitt eine ausgeprägte Gliederung. Gegen Ende des 19. Jahrhunderts wurden längs der Elbe Buhnen angelegt, die die Strömung verstärken sollten. In der DDR-Zeit sich selber überlassen (zwischen Schnackenburg und Lauenburg war die Elbe innerdeutsche Grenze), entwickelten sich die Buhnenfelder zu kleinen Biotopen. Daran schließen sich Weidendickichte, Röhricht-Brennesselfluren, Flut- und Trockenrasen sowie Grünland an, oft bestanden mit uralten Eichen, die die Deiche gegen Eisgang schützten. Weiter vom Ufer entfernt findet man Hartholzaue und Auwaldgebüsch. Dritter Abschnitt ist der Elbdeich, oft krumm und schief, weil die Bewohner nach Deichbrüchen – zwischen Hitzacker und Schnackenburg 34 Brüche in fast 350 Jahren – die tümpelartigen Bracks neu einfassen mußten. Im vierten Abschnitt findet man Talauen mit Obstbaum- und Beetkulturen, wo sich im Winter zahlreiche Gänse, im Frühjahr Zwerg- und Singschwäne niederlassen. Anschließend trifft man gelegentlich Binnendünen an (in Klein-Schmölen bei Dömitz). Weiterhin folgen Moore, z. B. das Laaver Moor, und Wälder mit Stieleiche, Hainbuche, Ulme und Esche. Letzter Abschnitt sind die saalezeitlichen Hochflächen der Geest, oft von Schmelzwassertälern durchbrochen. Im Frühjahr und Herbst suchen Zehntausende Zugvögel die Elbtalaue auf, allen voran Graugänse aus Sibirien. Im Sommer treffen Weißstörche – der Charaktervogel der Elbtalaue – in den Dörfern ein, um zu brüten. Diese Landschaft, bislang von drei Naturparkverwaltungen betreut, soll in einem geplanten »Internationalen Biosphärenreservat Elbtalaue« besseren Schutz als bisher genießen. Die Verwaltungen der drei Naturparks informieren über Naturschutzgebiete und deren Fauna und Flora.

Frachtschiff auf der Elbe (rechts)

Bei Lauenburg beginnen die Elbmarschen. Die Marsch entstand durch die Ablagerung von Sedimenten, die die Elbe im Wechsel der Gezeiten bzw. bei Überschwemmungen ablagerte. Nach der Eindeichung durch Kolonisten nach dem 12. Jahrhundert erwies sich die Marsch als fruchtbares Ackerland. Gegenüber dem Hohen Elbufer bei Lauenburg setzt diese Landschaft bereits ein, hinter Geesthacht tritt sie mit den Vier- und Marschlanden, Hamburgs Gemüsekammer, deutlich hervor. Am südlichen Elbufer erstreckt sich dieser Landschaftstyp über das Alte Land, Kehdingen und Hadeln bis Cuxhaven, am nördlichen Elbufer mit der Wedeler und Haseldorfer Marsch, der Kremper Marsch und der Wilster Marsch bis nach Dithmarschen. Die Marschen der Niederelbe waren (und sind) eine Welt für sich, jede Marsch hat ihre eigene Geschichte und ihre eigene Tradition.

Auch der Hamburger Hafen liegt in den Elbmarschen. Der Strom wurde hier, an der Nahtstelle der Gezeiten, in unzählige Arme gespalten, die in der Gestalt der Hafenbecken oft noch erkennbar sind. Hier weitet sich die Elbe von 300 m auf 2,5 km Breite bei Blankenese – Beginn der langgezogenen Trichtermündung, die bei Cuxhaven 15 km Breite erreicht. Wie über ein Meer geht der Blick von der Kugelbake hinüber zum anderen Elbufer in Dithmarschen.

Der Unterlauf der Elbe bis Hamburg zählt zu den am stärksten frequentierten Seewegen der Welt. Zahlreiche Leuchtsignale, Ober- und Unterfeuer sowie Radaranlagen gewährleisten die Sicherheit der Schiffe. Lotsen dirigieren die Frachtschiffe in sechsstündiger Fahrt von Cuxhaven bis in den Hamburger Hafen, Deutschlands größten Seehafen und den bedeutendsten Elbe-Binnenhafen zugleich. Für die größten Schiffe ist die mittlere Tiefe der Fahrrinne (13,5 m) bereits zu gering, sie können nur bei Flut den Hafen anlaufen.

Sperrwerke

Sperrwerke gibt es an vielen Nebenflüssen der Elbe. Aber nirgendwo sind sie so tückisch für Radfahrer wie an der Niederelbe zwischen Cuxhaven und Hamburg. Einige sind fast immer »geöffnet« – für die Schiffahrt, die stets Vorrang hat. Ein »geöffnetes« Sperrwerk ist für Radfahrer also immer geschlossen, und es wird nur zu bestimmten Zeiten geschlossen (für die Schiffahrt), damit Radfahrer und Fußgänger über den Fluß kommen. Man sollte deshalb seine Route genau planen. Die Schiffahrtsämter und die örtlichen Fremdenverkehrsvereine geben Auskunft über die Öffnungszeiten für Radfahrer. Achtung: Die angegebenen Zeiten können sich von Jahr zu Jahr ändern

Sperrwerke am südlichen Elbufer

- *Oste-Sperrwerk*
  Passierbar für Radfahrer: 1. April–30. Sept. Di–Do 10–18 Uhr, Sa, So 10–18 Uhr (Mo und Fr nicht befahrbar); 1. Okt.–31. März Di–Do 10–17 Uhr, Sa und So 10–17 Uhr (Mo und Fr nicht befahrbar). Auskunft: Tel. 0 47 53/4 22 und Tel. 0 47 21/56 73 83
  Ausweichroute: Straßenbrücke bei Neuhaus/Oste

- *Sperrwerk Wischhafen*
  Ende Mai bis Ende September Sa, So und feiertags 10–12, 17–19 Uhr für Radfahrer passierbar. Auskunft: Tel. 0 41 41/60 12 39 oder 0 41 43/9 19-0. Ausweichroute: von der Fähre Wischhafen – Glückstadt über Dornbusch nach Krautsand

- *Sperrwerk Am Ruthenstrom*
  ganzjährig passierbar

- *Lühe-Sperrwerk*
  in der Regel für Radfahrer passierbar

- *Este-Sperrwerk*
  in der Regel für Radfahrer passierbar

Sperrwerke am nördlichen Elbufer **(betrifft die Ausweichroute Wischhafen – Glückstadt – Wedel)**

- *Sperrwerk Krückau*
  Für Radfahrer passierbar: 1. Mai–30. Sept. jeweils 15 Min. nach der vollen Stunde: Mo–Mi 8.15–15.15 Uhr, Do 8.15–14.15 Uhr, Fr 8.15–12.15 Uhr, Sa, So und feiertags: 9–13, 14–18 Uhr; **1. Okt.–30. April ist das Sperrwerk für Radfahrer geschlossen.** Ausnahmeregelungen entscheidet das Wasser- und Schiffahrtsamt Hamburg, Außenbezirk Glückstadt (Tel. 0 41 24/20 86). **Ausweichroute:** Vom 1. Oktober bis 30. April nur über Elmshorn! Denn die historische Personenfähre zwischen Seesteraudeich und Kronsnest verkehrt nur von Mai bis September Sa, So und feiertags 9–13 und 14–18 Uhr.

- *Sperrwerk Pinnau*
  Für Radfahrer passierbar: 1. Mai–30. Sept. jeweils 15 Min. vor der vollen Stunde: Mo–Mi 8.45–15.45 Uhr, Do 8.45–13.45 Uhr, Fr 8.45–12.45 Uhr, Sa, So und feiertags 9–13, 14–18 Uhr; **1. Okt.–30. April ist das Sperrwerk für Radfahrer geschlossen.** Ausnahmeregelungen entscheidet das Wasser- und Schiffahrtsamt Hamburg, Außenbezirk Glückstadt (Tel. 0 41 24/20 86). **Ausweichroute:** Drehbrücke zwischen Klevendeich und Neuendeich (Umweg von 12 km).
  Entfernung zwischen den Sperrwerken Krückau und Pinnau: etwa 5 km.

Die folgende Aufstellung nennt Möglichkeiten der Elb-Überquerung von Cuxhaven bis Magdeburg, also Fähren, Tunnel und Brücken. Die Fähren verkehren in der Regel ganztags, Wartezeiten müssen in Kauf genommen werden. Bei Eisgang, Hochwasser oder Niedrigwasser wird der Fährbetrieb in der Regel eingestellt. Man halte sich dann an die »festen« Elb-Überquerungen.

- Autofähre Wischhafen-Glückstadt
  (Siehe auch »Sperrwerke« und »Ausweichrouten«)

- Elbe-City-Jet Stade – Hamburg. Der Katamaran wird vermutlich ab Juli 1996 eingesetzt (mit Fahrradtransport). Haltestellen: Stadersand, Lühe, DASA (Finkenwerder), St.-Pauli-Landungsbrücken (Brücke 3). Auskunft: HADAG, Tel. 0 40/31 17 07-13 und -24).

- Personenfähre Lühe – Schulau. Mit Fahrrad-Transport, Passagiere ohne Fahrrad haben Vorrang. Auskunft Tel. 0 41 41/7 68 41).

- HADAG-Personenfähre Lühe – Wedel (Schulau) – Wittenberge – Blankenese – Teufelsbrück – Neumühlen – St.-Pauli-Landungsbrücken. Mit Fahrrad-Transport, Passagiere ohne Fahrrad haben Vorrang.

- HADAG-Personenfähre Cranz – Blankenese. Mit Fahrrad-Transport, Passagiere ohne Fahrrad haben Vorrang.

Auskunft für alle HADAG-Fähren: Tel. 0 40/31 17 07-13 und -24.

- HVV-Personenfähre (Linie 62) Finkenwerder – Bubendey-Ufer – Neumühlen – Landungsbrücken. Mit Fahrrad-Transport, Passagiere ohne Fahrrad haben Vorrang.

- HLV-Fahrrad-Shuttle (Linie 63) Finkenwerder – St.-Pauli-Landungsbrücken. (Fährt nur Sa, So).

- HVV-Personenfähre (Linie 64) Finkenwerder – Teufelsbrück. Mit Fahrrad-Transport, Passagiere ohne Fahrrad haben Vorrang.

Auskunft für alle HVV-Fähren: Tel. 0 40/32 29 11.

- Alter Elbtunnel. Führt von Steinwerder im Hamburger Hafen zu den St.-Pauli-Landungsbrücken (siehe »Ausweichrouten«). Radfahrer benutzen den Personenfahrstuhl oder fahren in einer der Autokabinen mit.

- Autofähre Zollenspieker – Hoopte.

- Elbbrücke Geesthacht – Marschacht. Mit Radweg.

- Elbbrücke Lauenburg – Hohnstorf. Mit Radweg.

- Personenfähre Brackede – Boizenburg. Fährt nur bei Bedarf; mit Fahrrad-Transport.

- Autofähre Bleckede – Neu Bleckede.

- Autofähre Neu Darchau – Darchau.

- Personenfähre Hitzacker – Bitter. Mit Fahrradtransport.

- Autobrücke Dömitz. Mit Radweg.

- Autofähre Höhbeck (Pevestorf) – Lenzen.

- Autofähre Schnackenburg – Lütkenwisch.

- Autobrücke Wittenberge. Bundesstraße 189, ohne Radweg.

- Bahnbrücke Wittenberge. Mit Radweg.

- Autofähre Havelberg – Räbel (Werben).

- Autofähre Sandau.

- Autofähre bei Arneburg. Nur im Sommer in Betrieb.

- Autobrücke Tangermünde. Ohne Radweg.

- Autofähre Rogätz. Mittagspause täglich 11.45–13 Uhr.

- Nordbrücke bei Magdeburg. Bundesstraße 1, mit Radweg.

Ausweichrouten

Wischhafen – Glückstadt – Wedel

Die Fahrt über Glückstadt nach Hamburg ist zweifellos eine schöne Route durch die nördlichen Elbmarschen. Sie eignet sich aber nur für die Zeit vom 1. Mai bis 30. September, wenn die Sperrwerke an der Krückau und der Pinnau für Radfahrer geöffnet sind (siehe »Sperrwerke«; auch die Tages-Öffnungszeiten beachten). Die weiten Umwege in der übrigen Jahreszeit lohnen nicht. Der Anleger der Fähre befindet sich nördlich von Glückstadt. Auf der ufernahen Straße fährt man nach Süden, durch Glückstadt hindurch und hinter dem Hafen auf und neben dem Deich durch die Kollmarmarsch bis zur Krückau. Jenseits des Flusses geht es an der Pagensander Nebenelbe entlang durch die Seestermühermarsch bis zur Pinnau. Hinter dem Sperrwerk Pinnau fließt rechter Hand die schmale Haseldorfer Binnenelbe, vor Jahrhunderten der Hauptstrom der Elbe. Durch das Naturschutzgebiet Haseldorfer Marsch nähert man sich Wedel. Rechter Hand liegt der große Yachthafen von Wedel, dann ist das Willkomm-Höft an der Elbe erreicht. Ab hier verläuft der Elbe-Radwanderweg nach Hamburg.
(Tourist-Information, Königstr. 56, 25348 Glückstadt, Tel. 0 41 24/51 31; JH Glückstadt, Pentzstr. 12, 25348 Glückstadt, Tel. 0 41 24/22 59)

Lühe – Finkenwerder – Hamburger Hafen – Alter Elbtunnel – St.-Pauli-Landungsbrücken

Von Lühe radelt man am Elbdeich entlang über Borstel und Hinterbrack nach Cranz. Hier kann man mit der Fähre nach Blankenese übersetzen – oder weiterfahren. Über die Este, rechts die Sietas-Werft, radelt man auf dem Elbdeich oder daneben nach Finkenwerder. Linker Hand erstreckt sich das Flugfeld der Deutschen Aerospace Airbus (DASA), die hier den Airbus montiert. Auf dem Neßdeich und dem Finkenwerder Norderdeich fährt man durch das ehemalige Fischerdorf. Auch hier kann man mit der Fähre nach Hamburg übersetzen – oder weiterfahren. Auf der Ostfrieslandstraße und dem Aue-Hauptdeich verlassen wir Finkenwerder nach Süden, biegen links in die Finkenwerder Straße ein und fahren am Hamburger Aluminiumwerk vorbei. Kurz vor der A 7 geht es rechts auf der Waltershofer Straße parallel zur A 7 nach Süden bis zum Moorburger Elbdeich. Dort biegen wir links ein, unterqueren die Autobahn und radeln durch Moorburg in den Hamburger Hafen. Hinter der Moorburger Kirche fährt man links über die Kattwyk-Brücke, an der Deutschen Shell AG vorbei, bis zur Hohen-Schaar-Straße. Hier geht es links weiter. Auf dem Radweg fährt man über die Rethe-Hubbrücke, dann auf dem Neuhöfer Damm durch Neuhof, weiter auf dem Roßdamm bis zur Ellerholzbrücke, die man auf dem Radweg unterquert. Auf dem Reiherdamm und der Hermann-Blohm-Straße, vorbei am Werftgelände von Blohm & Voss, erreicht man den Alten Elbtunnel. Der Tunnel ist Tag und Nacht in Betrieb, Radler benutzen den Personen-Fahrstuhl oder einen der Auto-Fahrstühle. An den St.-Pauli-Landungsbrücken geht es auf dem Elbe-Radwanderweg weiter.

Hitzacker – Dorfrepublik Rüterberg – Dömitz

Die folgende Radroute ist etwas für Radwanderer, die Landschaft genießen wollen, auch wenn es dabei – wegen des etwas holprigen Weges – manchmal etwas langsamer zugeht. – Mit der Personenfähre setzt man von Hitzacker nach Bitter über. Auf dem Deich, dem ehemaligen Kolonnenweg, radelt man elbaufwärts. Vor Wehningen informiert eine Tafel über das Naturschutzgebiet Wehninger Werder. In Wehningen lohnt ein Abstecher nach rechts in den ehemaligen Gutspark des Schlosses. Auf der B 195 erreicht man die Dorfrepublik Rüterberg (rechts abbiegen), dann die Straßenkreuzung vor Dömitz: Geradeaus geht es nach Dömitz, rechts über die Dömitzer Autobrücke zum Elbe-Radwanderweg.

Altarm: Die Elbe floß vor Jahrhunderten wesentlich breiter (und flacher) in mehreren Flußarmen. Der Hauptstrom verlagerte sich oft, Nebenarme trockneten aus, verschlickten oder wurden durch Deichbau vom Hauptstrom abgeschnitten. Altarme sind an der Elbe sehr zahlreich.

Aue: Wald im Überschwemmungsbereich der Elbe. Man unterscheidet Weichholzaue (Weiden) und Hartholzaue (Stieleichen, Ulmen, Eschen).

Bake: Schiffszeichen.

Brack: Tümpel, der bei einem Deichbruch entstand. Sie sind oft sehr tief ausgewaschen und überdauern daher Jahrhunderte.

Buhnen: Im Bereich der Elbe bestehen Buhnen aus Steindämmen, die in regelmäßigen Abständen etwa 30–50 m weit in die Elbe ragen. Dadurch wird die Strömung in der Flußmitte verstärkt, so daß sich das Flußbett von selbst vertieft.

Deiche: Die älteren Deiche heißen meist Sommerdeich, sie verlaufen weiter im Landesinneren. Der große Landesschutzdeich an der Niederelbe verläuft, der kürzeren Linie wegen, weit draußen unmittelbar am Elbufer. »Außendeich« meint das Land zur Elbe hin, binnendeichs die andere Seite.

Gezeiten (Tide): Wechsel von Ebbe und Flut. Auf der Elbe sind die Gezeiten von Cuxhaven bis Geesthacht bemerkbar.

Marsch: Fruchtbares Flachland, das bei regelmäßigem Übertritt der Elbe durch Ablagerung von Sedimenten und Schwebstoffen entstand. Die großen Elbmarschen erstrecken sich von Cuxhaven bis Lauenburg. Aber auch an der mittleren Elbe spricht man von Marschen.

Niederelbe: Die Elbe von Cuxhaven bis Lauenburg – auch »Untere Elbe« genannt.

Oberfeuer, Unterfeuer: Lichtanlagen, die nachts oder bei Nebel zur Orientierung der Schifffahrt auf der Niederelbe dienen. Bei korrekter Fahrt müssen die Lichtsignale von Ober- und Unterfeuer vom Schiff aus in einer bestimmten Position zueinanderstehen.

Pegel: An den Pegeln – man findet sie in regelmäßigen Abständen an der gesamten Elbe – wird der Wasserstand abgelesen.

Qualmwasser: Wasser, das im Binnendeich durch den Druck der (hochwasserführenden) Elbe aus dem Boden tritt.

Sietland: Das meist vermoorte, relativ unfruchtbare, sehr tiefgelegene Land zwischen Marsch und Geest.

Sperrwerke: Riegeln Seitenflüsse der Niederelbe gegen Sturmfluten ab. Ein »offenes« Sperrwerk läßt Schiffe durch – und ist damit für Radfahrer »geschlossen«. Man beherzige zwei Grundregeln: 1. Die Schiffahrt hat immer Vorrang. 2. Wärter von Sperrwerken halten sich eisern an die bekanntgegebenen Öffnungszeiten.

Untere Mittelelbe: Die Elbe von Lauenburg bis Havelberg.

Wurt: Hügelartige, abgeflachte Erhebungen in den Marschen, auf denen die Bewohner früher ihre hochwassergefährdeten Häuser bauten.

Anreise mit der Bahn

Für den Elbe-Radwanderweg empfiehlt sich in den meisten Fällen wohl die Anfahrt mit der Bahn. Ob man den teuren »Express-Mail-Service« der Bahn für den Radtransport in Anspruch nimmt, ist der Risikobereitschaft des einzelnen überlassen: Man steht mitunter am Zielort, das Rad trifft irgendwann später ein. Sicherer und preiswerter, aber auch umständlich, ist das Verfahren, das Fahrrad selbst in das Radabteil der Interregio-Züge zu stellen – sofern noch Platz vorhanden ist. Wer hier im Sommer, wenn viele Radlergruppen unterwegs sind, keine Reservierung vorweisen kann, hat manchmal das Nachsehen. In anderen Zügen weist der Schaffner Abstellplätze zu. Intercity, Eurocity und IntercityExpreß nehmen keine Fahrräder mit.

Vorteilhaft für eine Tour an der Elbe ist, daß die wichtigen Bahnhöfe am Elbe-Radwanderweg – Cuxhaven, Stade, Hamburg, Lauenburg, Hitzacker, Wittenberge, Burg und Magdeburg – es gestatten, einzelne Abschnitte abzuradeln oder bei Bedarf die Radtour rasch zu unterbrechen. Die Anfahrt aus dem Süden wird stets über den Bahnknotenpunkt Hamburg verlaufen. Von Hamburg aus fahren durchgehend Interregio-Züge nach Wittenberge (auf halber Strecke nach Berlin), so kann man auch das letzte Drittel des Elbe-Radwanderwegs bequem beginnen.

Hamburg per S-Bahn

Wer das Hamburger Stadtgebiet schnell durchqueren will, kann in Wedel, Blankenese oder an den St.-Pauli-Landungsbrücken mit dem Fahrrad in die S-Bahn-Linie 1 oder 11 in Richtung Poppenbüttel einsteigen (Ausnahme: Mo–Fr vor 9 Uhr und 16–18 Uhr; kein Aufpreis). Am Hauptbahnhof steigt man um in die S-Bahn-Linie 2 oder 21 (Richtung Bergedorf oder Aumühle) am Bahnsteig gegenüber. Von der Haltestelle Rothenburgsort erreicht man über den Billhorner Deich Anschluß an den Elbe-Radwanderweg.

Auskunft, Tel. 0 40/32 29 11.

Bahnauskunft

Bahnhof Cuxhaven, Tel. 0 47 21/3 43 73
Reisezugauskunft Bremerhaven, Tel. 04 71/1 94 19
Bahnhof Otterndorf, Tel. 0 47 51/33 12
Bahnhof Stade, Tel. 0 41 41/31 31
Reisezugauskunft Hamburg, Tel. 0 40/1 94 19
Bahnhof Lauenburg, Tel. 0 41 53/22 56
Bahnhof Dannenberg, Tel. 0 58 61/22 96
Bahnhof Hitzacker, Tel. 0 58 62/2 69
Reisezugauskunft Lüneburg, Tel. 0 41 31/1 94 19
Bahnhof Wittenberge, Tel. 0 38 77/36 45
Bahnhof Bad Wilsnack, Tel. 03 87 91/22 07
Bahnhof Stendal, Tel. 0 39 31/6 00
Bahnhof Burg, Tel. 0 39 21/20 19 und 54 04
Bahnhof Magdeburg, Tel. 03 91/3 21 46

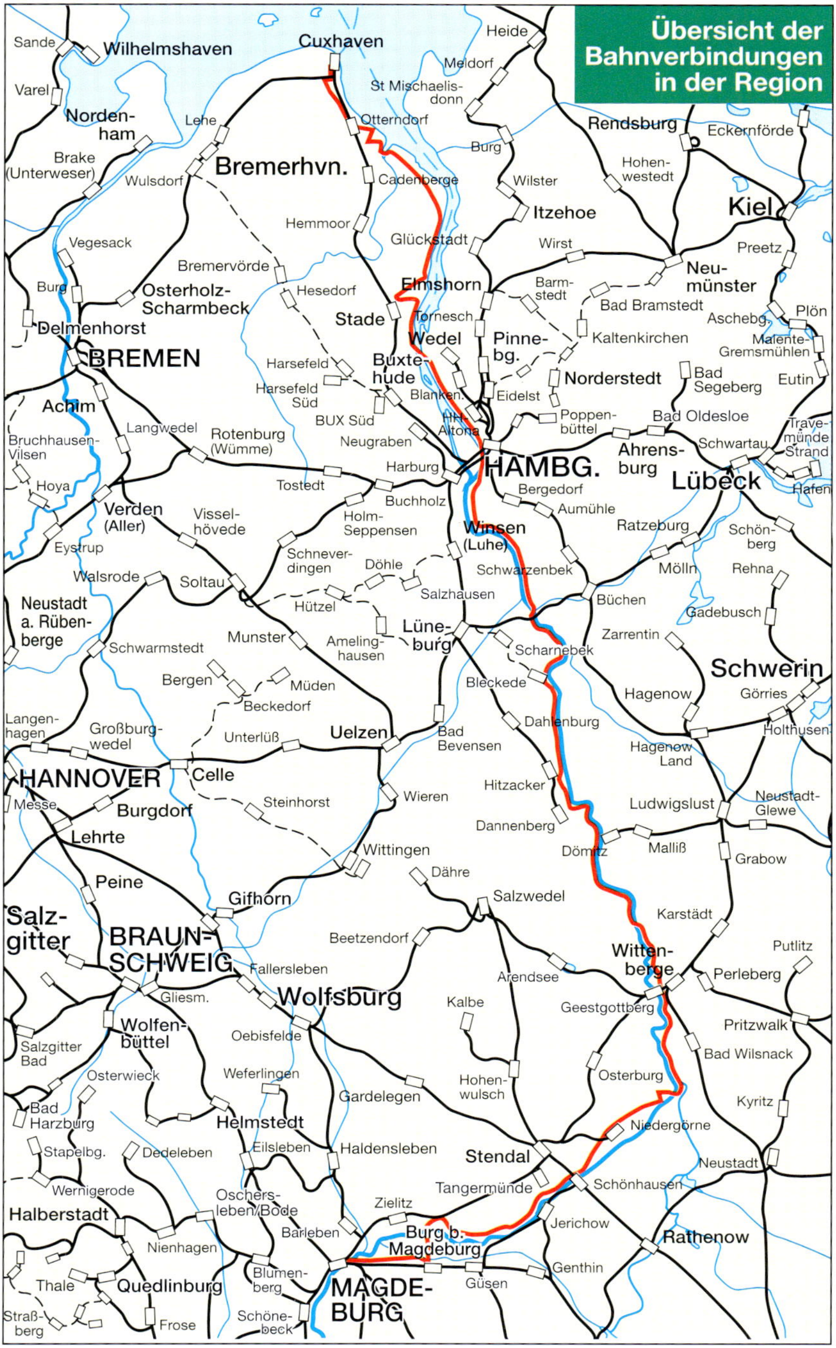
Übersicht der Bahnverbindungen in der Region
Sande
Wilhelmshaven
Cuxhaven
Heide
Meldorf
Varel
St Mischaelis-donn
Norden-ham
Lehe
Otterndorf
Rendsburg
Eckernförde
Brake (Unterweser)
Bremerhvn.
Burg
Hohen-westedt
Wulsdorf
Cadenberge
Wilster
Kiel
Itzehoe
Hemmoor
Glückstadt
Wirst
Preetz
Vegesack
Bremervörde
Neu-münster
Burg
Osterholz-Scharmbeck
Hesedorf
Elmshorn
Barm-stedt
Bad Bramstedt
Plön
Delmenhorst
Stade
Tornesch
Aschebg.
Wedel
Pinne-bg.
Kaltenkirchen
Malente-Gremsmühlen
BREMEN
Harsefeld
Buxte-hude
Norderstedt
Bad Segeberg
Eutin
Harsefeld Süd
Blanken.
Eidelst
Achim
Poppen-büttel
Bad Oldesloe
BUX Süd
HH-Altona
Trave-münde Strand
Langwedel
Rotenburg (Wümme)
Neugraben
Ahrens-burg
Schwartau
Bruchhausen-Vilsen
HAMBG.
Harburg
Lübeck
Hoya
Tostedt
Bergedorf
Hafen
Buchholz
Aumühle
Verden (Aller)
Vissel-hövede
Holm-Seppensen
Winsen (Luhe)
Ratzeburg
Schön-berg
Eystrup
Schnever-dingen
Döhle
Mölln
Rehna
Schwarzenbek
Walsrode
Soltau
Salzhausen
Büchen
Neustadt a. Rüben-berge
Hützel
Gadebusch
Munster
Lüne-burg
Zarrentin
Ameling-hausen
Scharnebek
Schwarmstedt
Schwerin
Bergen
Müden
Bleckede
Hagenow
Görries
Beckedorf
Langen-hagen
Großburg-wedel
Dahlenburg
Unterlüß
Uelzen
Bad Bevensen
Holthusen
Hagenow Land
HANNOVER
Celle
Hitzacker
Messe
Steinhorst
Wieren
Ludwigslust
Neustadt-Glewe
Burgdorf
Dannenberg
Lehrte
Dömitz
Malliß
Wittingen
Grabow
Dähre
Peine
Salzwedel
Gifhorn
Karstädt
Salz-gitter
BRAUN-SCHWEIG
Beetzendorf
Putlitz
Witten-berge
Fallersleben
Arendsee
Perleberg
Gliesm.
Wolfsburg
Kalbe
Geestgottberg
Wolfen-büttel
Pritzwalk
Oebisfelde
Salzgitter Bad
Bad Wilsnack
Osterwieck
Weferlingen
Hohen-wulsch
Osterburg
Gardelegen
Kyritz
Bad Harzburg
Helmstedt
Niedergörne
Stapelbg.
Dedeleben
Eilsleben
Haldensleben
Stendal
Neustadt
Wernigerode
Oschers-leben/Bode
Tangermünde
Schönhausen
Halberstadt
Zielitz
Jerichow
Barleben
Burg b. Magdeburg
Rathenow
Nienhagen
Blumen-berg
Genthin
Thale
Quedlinburg
MAGDE-BURG
Güsen
Straß-berg
Frose
Schöne-beck

Regionale und überregionale Fremdenverkehrsorganisationen:

Fremdenverkehrsverein Nordsee – Niedersachsen-Bremen e.V.
Bahnhofstr. 19–20
26104 Oldenburg
Tel. 04 41/9 21 71-0

Fremdenverkehrsverein Nordkehdingen
Hauptstr. 59
21729 Freiburg
Tel. 0 47 79/3 16

Erlebniskreis Stade e.V.
21677 Stade
Tel. 0 41 41/1 23 06

Tourismus Zentrale Hamburg GmbH
Postfach 10 22 49
20015 Hamburg
Tel. 0 40/30 05 1-0

Verein Alte Salzstraße
Am Markt 10
23909 Ratzeburg
Tel. 0 45 41/20 06

Fremdenverkehrsfördergesellschaft Wendland, Elbufer, Drawehn
Königsberger Str. 10
29439 Lüchow
Tel. 0 58 41/12 02 61

Fremdenverkehrs- und Kulturverein Prignitz e.V.
Im Birkengrund
19336 Bad Wilsnack
Tel. 03 87 91/3 66 11

Fremdenverkehrsverband Altmark e.V.
Marktstr. 13
39590 Tangermünde
Tel. 03 93 22/34 60

Fremdenverkehrsverein Colbitz-Letzlinger Heide e.V.
Kirchplatz
39326 Colbitz
Tel. 03 92 07/8 06 91

Tourismusverband Sachsen-Anhalt e.V.
Große Diesdorfer Str. 12
39108 Magdeburg
Tel. 03 91/7 38 43 00

Naturparks:

Verein Naturpark Elbufer-Drawehn
Königsberger Str. 10
29439 Lüchow
Tel. 0 58 41/12 00

Naturpark Mecklenburgisches Elbetal
Hauptstr. 33
19273 Tripkau
Tel. 03 88 45/9 28

Naturpark Brandenburgische Elbtalaue
Neuhausstr. 9
19322 Rühstädt
Tel. 03 87 91/72 77

Wichtige Adressen für Radwanderer:

Allgemeiner Deutscher Fahrrad-Club (ADFC)
Bundesverband
Hollerallee 32
28077 Bremen
Tel. 04 21/3 46 29-0

Schleswig-Holstein:
ADFC Schleswig-Holstein e.V.
Postfach 13 46
24012 Kiel
Tel. 04 31/6 31 90

Niedersachsen:
ADFC Niedersachsen e.V.
Rautenstr. 28
30171 Hannover
Tel. 05 11/28 25 57

Mecklenburg-Vorpommern:
ADFC-Informationsstelle Fahrradtourismus Mecklenburg-Vorpommern
Jahnstr. 7
23936 Grevesmühlen
Tel. 0 38 81/4 62 23

Hamburg:
ADFC Hamburg e.V.
Arnoldstr. 63
22763 Hamburg
Tel. 0 40/39 39 33
Infoline 0 40/3 90 70 50

Berlin:
Allgemeiner Deutscher Fahrrad-Club (ADFC)
Brunnenstr. 28
10119 Berlin
Tel. 030/4 48 47 24

Brandenburg:
Allgemeiner Deutscher Fahrrad-Club (ADFC)
Lindenstr. 53
14467 Potsdam
Tel. 03 31/2 80 05 95

Sachsen-Anhalt:
Allgemeiner Deutscher Fahrrad-Club (ADFC)
Harsdorfer Str. 49
39110 Magdeburg
Tel. 03 91/7 31 66 45

Förderkreis der norddeutschen Fahrradwege (FDNF)
Auf den Kämpen 7/12
29471 Gartow
Tel. 0 58 46/21 84

Wettervorhersage des Deutschen Wetterdienstes (DWD):

Region Bremen-Weser-Ems
Tel. 01 90/11 64 04

Schleswig-Holstein
Tel. 01 90/11 64 03

Niedersachsen
Tel. 01 90/11 64 02

Mecklenburg-Vorpommern
Tel. 01 90/11 64 15

Wochendienst Mecklenburg-Vorpommern, Brandenburg-Berlin
Tel. 01 90/11 64 63

Ortsregister